현지에서 바로 써먹는 여행 회화 패턴

가장 쉬운 여행 중국어

김동은 지음

我是来旅游的。
Wǒ shì lái lǚyóu de.
여행하러 왔어요.

동양북스

저자 **김동은**

한국외국어대학교 중국어통번역학과 졸업
한국외국어대학교 중어중문학과 석사 졸업
現) 서울특별시교육청학생교육원
　　글로벌문화·언어체험교육원 이중언어교실 강사
前) 기업체 사내 출강 강의
前) 시사중국어학원 회화 강사
前) POSCO ICT 중국법인 근무
前) 네이버 중국지사 근무

개정 3쇄 발행 | 2024년 5월 10일

지은이 | 김동은
발행인 | 김태웅
책임편집 | 김상현, 김수연
디자인 | 남은혜, 김지혜
일러스트 | 하리(HARI)
마케팅 총괄 | 김철영
온라인 마케팅 | 김은진
제작 | 현대순

발행처 | (주)동양북스
등　록 | 제 2014-000055호
주　소 | 서울시 마포구 동교로22길 14 (04030)
구입 문의 | 전화 (02)337-1737　팩스 (02)334-6624
내용 문의 | 전화 (02)337-1763　dybooks2@gmail.com

ISBN　979-11-5768-637-7　13720

머리말

이 책을 펼친 여러분의 '버킷리스트'에는 어떤 도전들이 적혀 있나요? 혹시 '중국 드라마 자막 없이 보기', '코로나19 끝나면 중국 여행 가기'가 있지는 않나요?

요즘은 집에서 손쉽게 배달 앱으로 마라탕과 마라샹궈를 주문해서 입안이 얼얼해지는 매운맛인 '마라'의 맛을 즐기는 분들을 어렵지 않게 찾아볼 수 있습니다. 그리고 OTT 플랫폼에서 화제가 되고 있는 중국 드라마를 통해 중국 문화의 새로운 면모를 알게 되신 분들도 계신 것 같습니다.

'나도 자막 없이 중국 드라마를 보고 싶다, 중국 드라마 속 상하이를 여행해 보고 싶다' 하시는 분들에게 꼭 필요한 표현만 모아 놓은 『가장 쉬운 여행 중국어』를 권해 드립니다. 간단한 음식 주문 표현부터 현지인들과 소통하고 친구를 사귈 수 있는 표현까지 두루 알아 둔다면 중국 드라마 속 일상 표현이 들리고, 여행지에서도 색다른 경험을 할 수 있을 거예요.

『가장 쉬운 여행 중국어』의 사용법은 바로 '여행 준비부터 귀국까지 시뮬레이션한다는 가벼운 마음으로 책을 정주행하는 것'입니다. 어느 순간 여행 중국어에서 자주 쓰이는 패턴에 대한 감이 생기고, 중국 드라마를 즐겨 보시는 분들은 드라마 속 일상 회화 표현들을 발견하는 즐거움도 느낄 수 있을 거예요.

자, 두 달 뒤에 웃고 있을 자신의 모습을 상상하며 힘차게 첫걸음을 내디뎌 보시길 바랍니다.
祝你旅行愉快！

8주 완성! 학습 스케줄

차례

이렇게 활용하세요!

『가장 쉬운 여행 중국어』는 중국어 공부를 막 시작했거나 중국 여행을 목표로 한마디라도 배우고 가려는 분들을 위해 만들어진 교재입니다. 중국어의 발음부터 현지에서 바로 써먹는 여행 회화까지 차근차근 공부해 보세요.

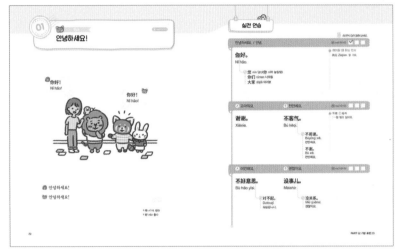

필수 회화

그림을 보며
간단한 회화문을 익혀 보세요.

실전 연습

주요 회화문에 다른 단어를 넣어서
다양한 표현도 익혀 보세요.

확인 문제

회화문과 주요 문장을
복습해 보세요.

복습

단어 익히기, 문장 말하기 등을
꼼꼼하게 연습해 보세요

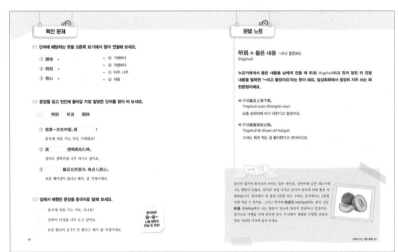

너를 좀 더 알고 싶어!

중국어와 중국 문화에 관한
흥미로운 이야기를 읽으며
중국 여행을 미리 떠나 보세요.
앞서 나온 중국어 표현에 덧붙여
알아야 할 표현을 모아 놓았어요.

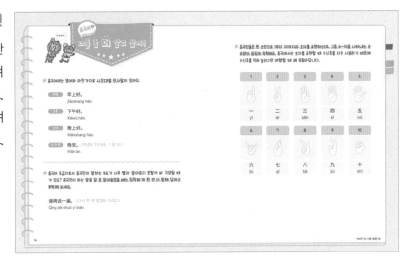

하루 한 장 쓰기 노트

그날 공부한 내용을 한 번 더 정리하고 단어를
익히고 문장을 외워 보세요. 중국어 실력이
매일 쑥쑥 자라나는 것을 느낄 수 있을 거예요.

원어민 녹음 MP3

스마트폰으로 QR코드를 스캔하면
본문 음성을 바로 들을 수 있어요.

Q. 중국의 국기는 어떻게 생겼을까요?

①   ②

③   ④

정답: ②

Q. 중국의 정식 국가 명칭은 무엇일까요?

① 중화인민국

② 중화민주국

③ 중화인민공화국

④ 중화공화국

정답: ③

Q. 중국의 수도는 어디일까요?

① 베이징(北京)

② 상하이(上海)

③ 칭다오(青島)

④ 톈진(天津)

정답: ①

Q. 중국의 화폐 단위는 무엇일까요?

① 달러($)

② 위안(¥)

③ 유로(€)

④ 원(₩)

정답: ②

Q. 세계 3대 겨울 축제 중 하나인 빙설제가 열리는 중국 도시는 어디일까요?

① 상하이(上海)

② 광저우(广州)

③ 베이징(北京)

④ 하얼빈(哈尔滨)

정답: ④

PART 01

중국어의 발음

✸ 보통화, 표준중국어

중국에서는 중국어를 '한어(汉语 Hànyǔ)'라고 불러요. 한어는 한마디로 '한족(汉族)이 사용하는 언어'라는 뜻이에요. 중국은 56개의 민족이 사는 국가인데, 그중 한족이 대부분을 차지하기 때문에 외국인들은 한족이 사용하는 언어인 한어를 배우게 되는 것이죠.

중국에는 여러 방언이 있는데, 중국 사람끼리도 의사소통이 어려울 정도로 그 차이가 심해서 표준어를 제정하였어요. '보편적으로 통용되는 말'이라는 뜻에서 '보통화(普通话 pǔtōnghuà)'라고 부르지요. 보통화의 발음은 수도 베이징 지방의 방언을 바탕으로 하며, 북방 지역 방언의 어휘를 기초로 사용한답니다.

✸ 간체자

중국어에서 쓰는 한자는 한국에서 쓰는 한자와 형태가 다른 것이 많아요. 동물 '말'을 한자로 쓸 때 한국에서는 '馬'라고 쓰지만, 중국 사람들은 '马'라고 써요. 획순이 많이 줄었지요?

번체자   **간체자**

馬 ➡ 马

중국에서는 이렇게 한자의 획순을 줄여서 간단하게 쓰는데, 이것을 '간체자(简体字 jiǎntǐzi)'라고 해요.

✪ 한어병음

한자는 뜻글자이기 때문에 글자만으로는 어떻게 읽어야 하는지 알 수 없어요. 그래서 중국은 알파벳 로마자를 이용하여 한자 발음을 표기하는데, 이를 '한어병음(汉语拼音 Hànyǔ pīnyīn)'이라고 해요. '한어병음'은 간단히 '병음'이라고 불리기도 해요.

大 dà

성조 소리의 높낮이

운모 성모를 제외한 나머지 부분

성모 음절 첫 소리에 해당하는 부분

> 중국어의 음절은 성모, 운모, 성조로 이루어져 있어요.

✪ 성조

🔊 mp3 01-01

성조(声调 shēngdiào)는 음의 높낮이를 나타내는데, 같은 소리라도 성조가 다르면 완전히 다른 뜻이 됩니다. 성조에는 제1성, 제2성, 제3성, 제4성이 있어요.

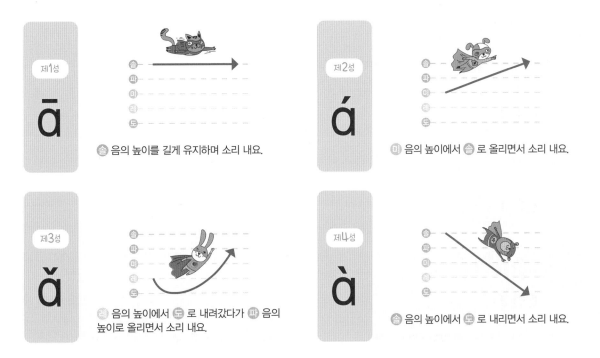

제1성
ā
솔 음의 높이를 길게 유지하며 소리 내요.

제2성
á
미 음의 높이에서 솔 로 올리면서 소리 내요.

제3성
ǎ
레 음의 높이에서 도 로 내려갔다가 파 음의 높이로 올리면서 소리 내요.

제4성
à
솔 음의 높이에서 도 로 내리면서 소리 내요.

✿ 운모

▶ mp3 01-02

우리말 음절 중에 모음(ㅏ, ㅜ, ㅣ 등)에 해당하는 부분이에요. 단운모와 복합운모로 나뉘며,
단운모가 가장 기본이 되는 운모예요.

단운모

a [아]	[아] 소리를 길게 내세요. ā á ǎ à
o [오~어]	[오] 소리를 내면서 입술의 힘을 빼고 [어] 소리를 길고 약하게 내세요. ō ó ǒ ò
e [으~어]	[으] 소리를 내다가 [어] 소리를 길게 내세요. ē é ě è
i [이]	[이] 소리를 길게 내세요. ī í ǐ ì
u [우]	[우] 소리를 길게 내세요. ū ú ǔ ù
ü [위]	[이] 소리를 내면서 휘파람 불듯이 점점 입술을 오므리면 [위] 소리가 나요. ǖ ǘ ǚ ǜ

> 발음이 끝날 때
> 까지 [위] 입 모양을
> 유지해야 해요.

• 운모 i, u, ü는 성모와 결합하지 않거나, 맨 앞에 놓이면 y(yi), w(wu), yu로 표기해요.
  즉, i = yi, u = wu, ü = yu이지요.

⭐ 성모

▶ mp3 01-03

우리말의 음절 중에 자음(ㄱ, ㄴ, ㄷ 등)에 해당하는 부분이에요. 괄호 안의 운모를 덧붙여 연습해 보세요.

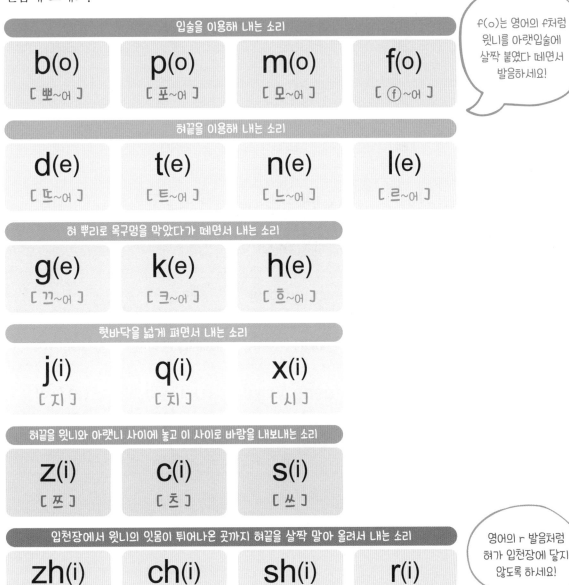

입술을 이용해 내는 소리

b(o)	p(o)	m(o)	f(o)
[뽀~어]	[포~어]	[모~어]	[ⓕ~어]

> f(o)는 영어의 f처럼 윗니를 아랫입술에 살짝 붙였다 떼면서 발음하세요!

혀끝을 이용해 내는 소리

d(e)	t(e)	n(e)	l(e)
[뜨~어]	[트~어]	[느~어]	[르~어]

혀 뿌리로 목구멍을 막았다가 떼면서 내는 소리

g(e)	k(e)	h(e)
[끄~어]	[크~어]	[흐~어]

혓바닥을 넓게 펴면서 내는 소리

j(i)	q(i)	x(i)
[지]	[치]	[시]

혀끝을 윗니와 아랫니 사이에 놓고 이 사이로 바람을 내보내는 소리

z(i)	c(i)	s(i)
[쯔]	[츠]	[쓰]

입천장에서 윗니의 잇몸이 튀어나온 곳까지 혀끝을 살짝 말아 올려서 내는 소리

zh(i)	ch(i)	sh(i)	r(i)
[즈]	[츠]	[스]	[르]

> 영어의 r 발음처럼 혀가 입천장에 닿지 않도록 하세요!

• 운모 i는 성모 z, c, s나 zh, ch, sh, r와 결합할 때는 [으]로 발음해요.

복합운모

✴ 복합운모

mp3 01-04

앞에서 배운 단운모는 다른 운모와 결합하거나 '-n' 또는 '-ng'와 결합해 사용하기도 해요.

단운모	복합운모			
a [아]	ai [아~이]	ao [아~오]	an [안]	ang [앙]
o [오~어]	ou [어~우]	ong [옹]		
e [으~어]	ei [에~이]	en [으언]	eng [으엉]	er [얼]
i (yi) [이]	ia (ya) [이야]	ian (yan) [이앤]	iang (yang) [이양]	iao (yao) [이아오]
	in (yin) [인]	ing (ying) [잉]		
	iou (you) [이어우]	iong (yong) [이용]	ie (ye) [이에]	
u (wu) [우]	ua (wa) [우아]	uan (wan) [우안]	uang (wang) [우앙]	uai (wai) [우아이]
	uen (wen) [우언]	ueng (weng) [우엉]	uei (wei) [우에이]	uo (wo) [우어]
ü (yu) [위]	üe (yue) [위에]	üan (yuan) [위앤]	ün (yun) [윈]	

- 빨간색으로 표시한 운모는 주의해서 발음하세요.

- iou가 성모와 결합할 때 가운데 o를 생략하고 iu만 표기해요.

  예 d + iou → diu [띠어우], n + iou → niu [니어우]

- uei, uen는 성모와 결합할 때 가운데 e를 생략하고 ui, un만 표기해요.

  예 d + uei → dui [뚜에이], l + uen → lun [루언]

- ü는 성모 j, q, x와 결합할 때 ju, qu, xu로 표기해요.

  예 jü → ju [쥐], qü → qu [취], xü → xu [쉬]

16

☆ 경성

(▶ mp3 01-05)

중국어의 일부 음절은 약하고 짧게 발음하는데, 이를 경성이라고 해요. 경성의 음높이는 앞의 성조에 따라 변하고, 성조 부호를 표기하지 않는 것이 특징이에요.

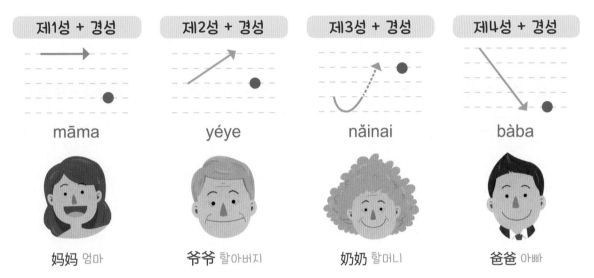

제1성 + 경성	제2성 + 경성	제3성 + 경성	제4성 + 경성
māma	yéye	nǎinai	bàba
妈妈 엄마	爷爷 할아버지	奶奶 할머니	爸爸 아빠

☆ 성조 변화

제3성의 변화

① 제3성이 연속되면 앞의 제3성은 제2성으로 발음해요. 하지만 성조를 표기할 때는 원래의 성조인 제3성으로 표기해요.

$$\vee \oplus \vee \rightarrow / \oplus \vee$$
nǐ　hǎo　　ní　hǎo

② 제3성 뒤에 제1, 2, 4성이나 경성이 오면 앞의 제3성은 내려가는 부분만 발음하고 올라가는 부분은 발음하지 않아요. 제3성을 반쪽만 소리 낸다고 해서 '반3성'이라고 부르죠.

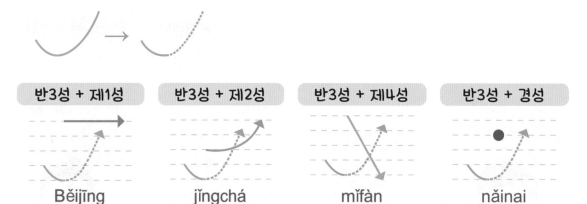

반3성 + 제1성	반3성 + 제2성	반3성 + 제4성	반3성 + 경성
Běijīng	jǐngchá	mǐfàn	nǎinai

不(bù)의 성조 변화

不(bù) 뒤에 제4성인 글자가 오면 不는 제2성으로 발음하며, 성조 역시 제2성으로 표기해요.

bù ➕ \ → bú ➕ \ (예) bú qù bú shì

一(yī)의 성조 변화

숫자 一(yī)는 제1성 그대로 발음하기도 하고 성조가 변하기도 해요.

① 제1성 그대로 발음하는 경우
· 숫자를 하나씩 읽을 때 : 1 (yī), 11 (shíyī), 2019년 (èr líng yī jiǔ nián)
· 순서를 나타낼 때 : 처음 (dì yī cì), 1층 (yī céng)

② 성조가 변하는 경우

一(yī)는 제1, 2, 3성 앞에서는 제4성으로 발음하고, 제4성(또는 제4성이 변한 경성) 앞에서는 제2성으로 발음해요.

$$yì \oplus \begin{matrix} - \\ / \\ \lor \end{matrix} \quad \begin{matrix} yì\ bēi & [한 잔] \\ yì\ píng & [한 병] \\ yì\ wǎn & [한 그릇] \end{matrix}$$

$$yí \oplus \begin{matrix} \backslash \\ 경성 \end{matrix} \quad \begin{matrix} yí\ jiàn & [한 벌] \\ yí\ ge & [한 개] \end{matrix}$$

✿ 한어병음 철자 쓰기 규칙

① 성조 부호를 표기할 때 운모가 2개 이상이면 a > o > e > i > u / ü 순으로 표기해요.
단, i 와 u가 함께 있으면 뒤쪽 운모에 표기해요.

> 예) hǎo, zuò, xiè, jiǔ, guì

② 문장과 고유명사의 첫 글자는 대문자로 표기해요.

> 예) Wǒ gēn Ānnà qù Běijīng. [저는 안나와 베이징에 갑니다.]

③ 하나의 단어는 모두 붙여 써요.

> 예) jiùhùchē [구급차]

④ 앞음절 단어 뒤에 a, o, e로 시작되는 음절이 올 때 발음상 혼란을 일으키기 쉬우므로
격음부호(')로 분리시켜요.

> 예) xiān [발음: 시앤]   Xī'ān [발음: 시안]

MAY
2018

SUN MON TUE WED THU FRI SAT
1 2 3 4 5
6 7 8 ⑨ 10 11 12
13 14 15 16 17 18 19
20 21 22 23 24 25 26
27 28 29 30 31

5월 9일, 드디어 떠난다!
너무 설레~ >_<

여행 전에 환전도 미리 해놔야지 :)

你好!
Nǐ hǎo!
안녕하세요!

인사 표현 정도는
미리 공부해 가는 게 좋겠지?

여행 기간에 제발
비는 안 왔으면 좋겠다. ㅠㅠ

뭐 먹을지, 어디 갈지 계획도 세워야지!

PART **02**

기본 표현

안녕하세요!

你好!
Nǐ hǎo!

你好!
Nǐ hǎo!

안녕하세요!

안녕하세요!

＊你 nǐ 너, 당신
＊好 hǎo 좋다

실전 연습

세 번씩 따라 말해 보세요.

안녕하세요. / 안녕.
▶ mp3 02-02 ✓ 2 3

你好。
Nǐ hǎo.

您 nín 당신(你 nǐ의 높임말)
你们 nǐmen 너희들
大家 dàjiā 여러분

➕ 헤어질 때 하는 인사
再见 Zàijiàn. 잘 가요.

Ⓐ 고마워요.　　Ⓑ 천만에요.
▶ mp3 02-03 1 2 3

谢谢。
Xièxie.

不客气。
Bú kèqi.

不用谢。
Búyòng xiè.
천만에요.

不谢。
Bú xiè.
천만에요.

➕ 不用 ➕ 동작
: ~할 필요 없어요.

Ⓐ 미안해요.　　Ⓑ 괜찮아요.
▶ mp3 02-04 1 2 3

不好意思。
Bù hǎo yìsi.

没事儿。
Méishìr.

对不起。
Duìbuqǐ.
죄송합니다.

没关系。
Méi guānxi.
괜찮아요.

확인 문제

01 단어에 해당하는 뜻을 오른쪽 보기에서 찾아 연결해 보세요.

① 你好。 •

② 谢谢。 •

③ 不客气。 •

• ⓐ 미안해요.

• ⓑ 안녕하세요.

• ⓒ 천만에요.

• ⓓ 고마워요.

02 문장을 읽고 빈칸에 들어갈 가장 알맞은 단어를 찾아 써 보세요.

보기   没   你   不

① ☐ 好。

안녕하세요.

② ☐ 好意思。

미안해요.

③ ☐ 事儿。

괜찮아요.

03 앞에서 배웠던 문장을 중국어로 말해 보세요.

☐ 여러분 안녕하세요.

☐ 미안해요.

☐ 괜찮아요.

중국어로
술~술~
나올 때까지
연습 또 연습!

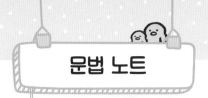

문법 노트

[상대방/시간] + 好。 안녕하세요. / 안녕.

만나는 상대, 시간을 나타내는 명사 뒤에 好 hǎo를 붙여 말하면 인사말이 돼요.

예 老师好。
Lǎoshī hǎo.
선생님, 안녕하세요.

예 早上好。
Zǎoshang hǎo.
안녕하세요.(아침 인사)

"不好意思。Bù hǎo yìsi."

"不好意思。Bù hǎo yìsi."는 가벼운 어감의 '미안해요'로 "对不起。Duìbuqǐ."보다 더 자주 사용하는 표현이에요. "对不起。Duìbuqǐ."는 진지한 모드의 '죄송합니다'라고 생각하면 됩니다. 길을 걷다가 옆에 사람과 어깨를 가볍게 부딪치는 경우, 대부분의 중국인들은 "不好意思。Bù hǎo yìsi."라고 한답니다.

 감정 표현

▶ mp3 02-05

중국에 처음 가는 거라, 기대돼요!

我第一次去中国，很期待！
Wǒ dì yī cì qù Zhōngguó, hěn qīdài!

祝你旅行愉快。
Zhù nǐ lǚxíng yúkuài.

🦁 중국에 처음 가는 거라, 기대돼요!

🐻 즐거운 여행 되렴.

＊ 我 wǒ 나, 저
＊ 第一次 dì yī cì 처음, 첫 번째
＊ 期待 qīdài 기대하다
＊ 祝你 zhù nǐ 당신이 ~하길 기원합니다
＊ 旅行 lǚxíng 여행
＊ 愉快 yúkuài 기쁘다, 유쾌하다

실전 연습

세 번씩 따라 말해 보세요.

중국에 처음 가는 거라, 기대돼요!

▶ mp3 02-06 ✓ 2 3

我第一次去中国，很期待!

Wǒ dì yī cì qù Zhōngguó, hěn qīdài!

🔄 开心 kāixīn 즐겁다
高兴 gāoxìng 기분이 좋다
紧张 jǐnzhāng 긴장되다

훠궈가 정말 먹고 싶어요.

▶ mp3 02-07 1 2 3

➕ 我特别想 ➕ 동작
: 정말 ~하고 싶어요.

特别 tèbié 아주, 너무
火锅 huǒguō
훠궈(중국식 샤브샤브)

我特别想吃火锅。

Wǒ tèbié xiǎng chī huǒguō.

🔄 喝青岛扎啤 hē Qīngdǎo zhāpí
칭다오 생맥주를 마시다

看上海夜景 kàn Shànghǎi yèjǐng
상하이 야경을 보다

去爬黄山 qù pá Huángshān
황산을 등산하러 가다

요즘 광저우가 덥다고 해서, 좀 걱정이에요.

▶ mp3 02-08

听说 tīngshuō ~라고 듣다
最近 zuìjìn 최근, 요즘
有点儿 yǒudiǎnr 좀 ~하다
担心 dānxīn 걱정하다

听说最近广州很热，有点儿担心。

Tīngshuō zuìjìn Guǎngzhōu hěn rè, yǒudiǎnr dānxīn.

🔄 北京很冷 Běijīng hěn lěng
베이징이 춥다

上海下雨 Shànghǎi xiàyǔ
상하이에 비가 내린다

天津空气不好 Tiānjīn kōngqì bù hǎo
톈진의 공기가 안 좋다

확인 문제

01 단어에 해당하는 뜻을 오른쪽 보기에서 찾아 연결해 보세요.

① 期待 •

② 特别 •

③ 担心 •

• ⓐ 기대하다

• ⓑ 걱정하다

• ⓒ 아주, 너무

• ⓓ 처음

02 문장을 읽고 빈칸에 들어갈 가장 알맞은 단어를 찾아 써 보세요.

보기 　特别　　听说　　期待

① 我第一次去中国, 很 _____ !

중국에 처음 가는 거라, 기대돼요!

② 我 _____ 想喝青岛扎啤。

칭다오 생맥주를 너무 마시고 싶어요.

③ _____ 最近北京很冷, 有点儿担心。

요즘 베이징이 춥다고 해서, 좀 걱정이에요.

03 앞에서 배웠던 문장을 중국어로 말해 보세요.

☐ 중국에 처음 가는 거라, 신나요!

☐ 상하이 야경을 너무 보고 싶어요.

☐ 요즘 톈진의 공기가 안 좋다고 해서 좀 걱정이에요.

중국어로
술~술~
나올 때까지
연습 또 연습!

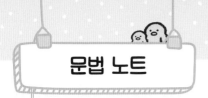
听说 + 들은 내용 ~라고 들었어요.
tīngshuō

누군가에게서 들은 내용을 남에게 전할 때 听说 tīngshuō라고 먼저 말한 뒤 전할 내용을 말하면 '~라고 들었어요'라는 뜻이 돼요. 일상회화에서 굉장히 자주 쓰는 패턴문형이에요.

예 听说最近上海下雨。

Tīngshuō zuìjìn Shànghǎi xiàyǔ.

요즘 상하이에 비가 내린다고 들었어요.

예 听说她喜欢吃火锅。

Tīngshuō tā xǐhuan chī huǒguō.

그녀는 훠궈 먹는 걸 좋아한다고 하더라고요.

중국의 물가가 한국보다 싸다는 말은 베이징, 상하이와 같은 대도시에서는 옛말이 되었죠. 하지만 과일 가격은 중국이 한국에 비해 훨씬 저렴하답니다. 한국에서 한 통에 2만원 하는 수박도 중국에서는 5천원이면 먹을 수 있어요. 그리고 하미과(哈密瓜 hāmìguā)라는 중국 신장(新疆 Xīnjiāng)에서 나는 멜론이 있는데 굉장히 달콤하고 맛있어요. 중국으로 여행을 가게 된다면 중국 각지에서 재배된 다양한 과일의 맛을 저렴한 가격에 즐겨 보세요.

 숫자 및 날짜 ▶ mp3 02-09

저는 5월 9일에 칭다오에 가요.

你什么时候去青岛?
Nǐ shénme shíhou qù Qīngdǎo?

我五月九号去青岛。
Wǒ wǔ yuè jiǔ hào qù Qīngdǎo.

언제 칭다오에 가니?

5월 9일에 칭다오에 가.

＊ 什么时候 shénme shíhou 언제
＊ 去 qù 가다
＊ 青岛 Qīngdǎo 칭다오
＊ 月 yuè 월
＊ 号 hào 일

실전 연습

세 번씩 따라 말해 보세요.

오늘은 금요일이에요.　　　　　　　　　　　　(▶) mp3 02-10 ✓ 2 3

今天星期五。

Jīntiān xīngqīwǔ.

➲ 昨天星期四。 Zuótiān xīngqīsì.
어제는 목요일이에요.

明天星期六。 Míngtiān xīngqīliù.
내일은 토요일이에요.

后天星期天。 Hòutiān xīngqītiān.
모레는 일요일이에요.

✚ 월 星期一 xīngqīyī
화 星期二 xīngqī'er
수 星期三 xīngqīsān
목 星期四 xīngqīsì
금 星期五 xīngqīwǔ
토 星期六 xīngqīliù
일 星期天 xīngqītiān

저는 1월 30일에 시안에 가요.　　　　　　　(▶) mp3 02-11 1 2 3

我一月三十号去西安。

Wǒ yī yuè sānshí hào qù Xī'ān.

➲ 回国 huíguó 귀국하다
回来 huílái 돌아오다
回去 huíqù 돌아가다

✚ 回 huí 되돌아오다, 되돌아가다

언제 칭다오에 가세요?　　　　　　　　　　(▶) mp3 02-12 1 2 3

你什么时候去青岛?

Nǐ shénme shíhou qù Qīngdǎo?

➲ 去首尔 qù Shǒu'ěr 서울에 가다
出发 chūfā 출발하다
回家 huíjiā 집으로 돌아오다

✚ 什么时候 ➕ 동사(구) ?
: 언제 ~하세요?

01 단어에 해당하는 뜻을 오른쪽 보기에서 찾아 연결해 보세요.

① 星期三 •   • ⓐ 3월 3일

② 今天 •   • ⓑ 언제

③ 三月三号 •   • ⓒ 오늘

                             • ⓓ 수요일

02 문장을 읽고 빈칸에 들어갈 가장 알맞은 단어를 찾아 써 보세요.

> 보기   号   什么时候   天

① 今天星期 ____ 。

오늘은 일요일이에요.

② 我5月9 ____ 去西安。

저는 5월 9일에 시안에 가요.

③ 你 ____ 去青岛?

언제 칭다오에 가세요?

03 앞에서 배웠던 문장을 중국어로 말해 보세요.

☐ 오늘은 금요일이에요.

☐ 저는 1월 30일에 칭다오에 가요.

☐ 언제 서울에 가세요?

중국어로
술~술~
나올 때까지
연습 또 연습!

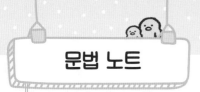

문법 노트

[시간] + 동작   ① 날짜 + 동작   ② 요일 + 동작

한 문장에서 시간과 동작을 나타낼 때 중국어도 우리말처럼 시간을 먼저 말하고
이어서 어떤 동작을 하는지 말해요.

예 我4月17号回国。
　　Wǒ sì yuè shíqī hào huíguó.
　　저는 4월 17일에 귀국해요.

예 你星期几回国?
　　Nǐ xīngqī jǐ huíguó?
　　무슨 요일에 귀국하세요?

중국의 3대 황금연휴(黄金周 huángjīnzhōu)로는 음력설인 춘절, 근로자의 날인 노동절, 중화인민공
화국 건립기념일인 국경절이 있어요. 7~10일 정도의 긴 연휴가 주어지기 때문에 대부분의 중국인은
고향을 방문하거나 여행을 떠나요. 특히 국경절은 여행하기 좋은 계절이어서 국내 여행을 떠나는 중
국인이 많답니다. 중국의 황금연휴 때 중국 여행을 계획한다면 수많은 인파에 떠밀려서 여유롭게 여
행을 즐기지 못할 수 있으니 이 시기는 피해서 여행 계획을 세우는 게 좋아요.

① 춘절(春节 Chūnjié): 음력 1월 1일
② 노동절(劳动节 Láodòngjié): 5월 1일
③ 국경절(国庆节 Guóqìngjié): 10월 1일

몇 시에 문을 닫나요?

晚上9点。
Wǎnshang jiǔ diǎn.

几点关门?
Jǐ diǎn guānmén?

👆 몇 시에 문을 닫나요?

👩 저녁 9시요.

＊ 几 jǐ 몇
＊ 点 diǎn 시(時)
＊ 关门 guānmén 문을 닫다
＊ 晚上 wǎnshang 저녁

 세 번씩 따라 말해 보세요.

몇 시에 문을 닫나요?　　　　　　　　　　▶ mp3 02-14　✔ ② ③

几点关门?

Jǐ diǎn guānmén?

　🔄 开门 kāimén 문을 열다
　　出发 chūfā 출발하다

➕ 几点 ➕ 동사 ?
: 몇 시에 ~하나요?

이거 얼마예요?　　　　　　　　　　▶ mp3 02-15　① ② ③

这个多少钱?

Zhège duōshao qián?

　🔄 一个 yí ge 한 개
　　一共 yígòng 전부, 모두

➕ 这个 zhège 이것
　那个 nàge 저것, 그것

모두 20위안입니다.　　　　　　　　　　▶ mp3 02-16　① ② ③

一共20块。

Yígòng èrshí kuài.

　🔄 100块 yìbǎi kuài 100위안
　　105块 yìbǎi líng wǔ kuài 105위안
　　1500块 yìqiān wǔbǎi kuài 1500위안

➕ 一共 ➕ 숫자 ~
: 모두 합쳐서 ~예요.

➕ 105块는 가운데 0(líng)을 넣어 말한다.

➕ 중국의 화폐단위는 위안으로, 문어체로는 元 yuán, 구어체로는 块 kuài라고 말한다.

01 단어에 해당하는 뜻을 오른쪽 보기에서 찾아 연결해 보세요.

① 几点 •

② 多少钱? •

③ 一共 •

• ⓐ 모두

• ⓑ 얼마예요?

• ⓒ 문닫다

• ⓓ 몇 시

02 문장을 읽고 빈칸에 들어갈 가장 알맞은 단어를 찾아 써 보세요.

보기   多少   几   块

① ⬚⬚⬚ 点关门?

몇 시에 문을 닫나요?

② 这个 ⬚⬚⬚ 钱?

이거 얼마예요?

③ 一共20 ⬚⬚⬚ 。

모두 20위안입니다.

03 앞에서 배웠던 문장을 중국어로 말해 보세요.

☐ 몇 시에 문을 열어요?

☐ 이거 얼마예요?

☐ 모두 105위안입니다.

중국어로
술~술~
나올 때까지
연습 또 연습!

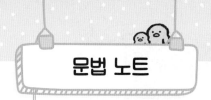

多少 + (양사) + 명사 얼마의 / 얼마나
duōshao

개수나 돈의 액수를 물을 때 多少 duōshao를 사용해요. 多少 duōshao와
명사 사이에는 양사가 있어도 되고 없어도 돼요.

예 这儿有多少个人?

  Zhèr yǒu duōshao ge rén?

  여기에 사람이 몇 명이 있나요?

예 这儿有多少人?

  Zhèr yǒu duōshao rén?

  여기에 사람이 몇이나 있나요?

"多少钱? Duōshao qián?" VS. "多儿钱? Duōr qián?"

베이징, 칭다오 등 북방 지역을 여행하다 보면 중국인들이 가격을 물어볼 때 "多少钱? Duōshao
qián?"이 아니라 "多儿钱? Duōr qián?(두얼첸?)"이라고 말하는 것을 들을 수 있어요. 북방 지역의 중
국인은 얼화(儿化 érhuà)라고 하는 혀를 굴리는 듯한 소리를 많이 섞어서 말하기 때문이에요. 가격 흥
정을 해야 하는 상황이라면 "多儿钱? Duōr qián?"이라고 말해 보세요. 북방 사람 같은 느낌을 줄 수
있기 때문에 가격 흥정에 도움이 될 수 있어요.

중국어 ♥

너를 좀 더 알고 싶어!

☆ 중국어에는 영어와 마찬가지로 시간대별 인사말이 있어요.

아침　早上好。
Zǎoshang hǎo.

오후　下午好。
Xiàwǔ hǎo.

저녁　晚上好。
Wǎnshang hǎo.

자기 전　晚安。(안녕히 주무세요. / 잘 자.)
Wǎn'ān.

☆ 중국어 초급자로서 중국인이 말하는 속도가 너무 빨라 알아듣지 못할까 봐 걱정될 때가 있죠? 중국인이 하는 말을 잘 못 알아들었을 때는 침착하게 한 번 더 말해 달라고 부탁해 보세요.

请再说一遍。(다시 한 번 말씀해 주세요.)
Qǐng zài shuō yí biàn.

✮ 중국인들은 한 손만으로 1부터 10까지의 숫자를 표현하는데, 그중 6~10을 나타내는 손 모양이 굉장히 독특해요. 중국에서는 숫자를 표현할 때 수신호를 자주 사용하기 때문에 수신호를 익혀 놓는다면 여행할 때 꽤 유용하답니다.

1	2	3	4	5
一	二	三	四	五
yī	èr	sān	sì	wǔ

6	7	8	9	10
六	七	八	九	十
liù	qī	bā	jiǔ	shí

아, 알려줘...!

중국어♥

너를 좀 더 알고 싶어!

☆ 년도는 숫자를 한자리씩 말해요.

2017년	二零一七年 èr líng yī qī nián
2018년	二零一八年 èr líng yī bā nián
2019년	二零一九年 èr líng yī jiǔ nián
2020년	二零二零年 èr líng èr líng nián

☆ 요일은 이렇게 말해요.

월	화	수	목
星期一 xīngqīyī	星期二 xīngqī'èr	星期三 xīngqīsān	星期四 xīngqīsì

금	토	일	주말
星期五 xīngqīwǔ	星期六 xīngqīliù	星期天 xīngqītiān	周末 zhōumò

✹ 월은 숫자 뒤에 月 yuè를 붙여 말해요.

1월	2월	3월	4월	5월	6월
一月	二月	三月	四月	五月	六月
yī yuè	èr yuè	sān yuè	sì yuè	wǔ yuè	liù yuè

7월	8월	9월	10월	11월	12월
七月	八月	九月	十月	十一月	十二月
qī yuè	bā yuè	jiǔ yuè	shí yuè	shíyī yuè	shí'èr yuè

✹ 일은 문어체로는 日 rì를 쓰지만, 구어체로는 号 hào라고 말해요.

1号 yī hào	2号 èr hào	3号 sān hào	4号 sì hào	5号 wǔ hào
6号 liù hào	7号 qī hào	8号 bā hào	9号 jiǔ hào	10号 shí hào
11号 shíyī hào	12号 shí'èr hào	13号 shísān hào	14号 shísì hào	15号 shíwǔ hào
16号 shíliù hào	17号 shíqī hào	18号 shíbā hào	19号 shíjiǔ hào	20号 èrshí hào
21号 èrshíyī hào	22号 èrshí'èr hào	23号 èrshísān hào	24号 èrshísì hào	25号 èrshíwǔ hào
26号 èrshíliù hào	27号 èrshíqī hào	28号 èrshíbā hào	29号 èrshíjiǔ hào	30号 sānshí hào
31号 sānshíyī hào				

아, 알려줘...!

중국어♥

너를 좀 더 알고 싶어!

☆ 시간

중국어로 '~시 ~분'이라고 시간을 말할 때는 '…点 diǎn …分 fēn'이라고 하면 돼요.
1시 30분은 한국어처럼 '1시 반'이라고 자주 말하고, 2시는 两点 liǎng diǎn이라고
해요.

1시20분	一点二十分
	yī diǎn èrshí fēn

1시 반	一点半
	yī diǎn bàn

2시	两点
	liǎng diǎn

☆ 화폐

중국의 공식 화폐는 런민비(人民币 Rénmínbì)예요. 화폐 단위는 문어체와 구어
체로 구분되는데, 여행할 때는 구어체를 연습해서 사용해 보세요.

문어체	元 yuán （1元=10角）	角 jiǎo （1角=10分）	分 fēn （문어체=구어체）
구어체	块 kuài	毛 máo	分 fēn

20.58元

↓　↓↓
块　毛分

二十块五毛八分
èrshí kuài wǔ máo bā fēn

| 100元 | 50元 | 20元 | 10元 |
| yìbǎi yuán | wǔshí yuán | èrshí yuán | shí yuán |

| 5元 | 1元 | 1元 | 1角 | 5角 |
| wǔ yuán | yì yuán | yì yuán | yì jiǎo | wǔ jiǎo |

＊ 중국에서 分(fēn)은 한국의 1원처럼 요즘은 잘 사용하지 않아요.

내리기 전에 출입국신고서 작성하기!

두근두근♥,
출발 전 느껴지는 설레임

짐도 찾기 전에 유심칩 구매를! >_<

수화물보다 먼저 도착한 기념으로
찰칵!

생각보다 괜찮은 기내식도 냠냠 :)~

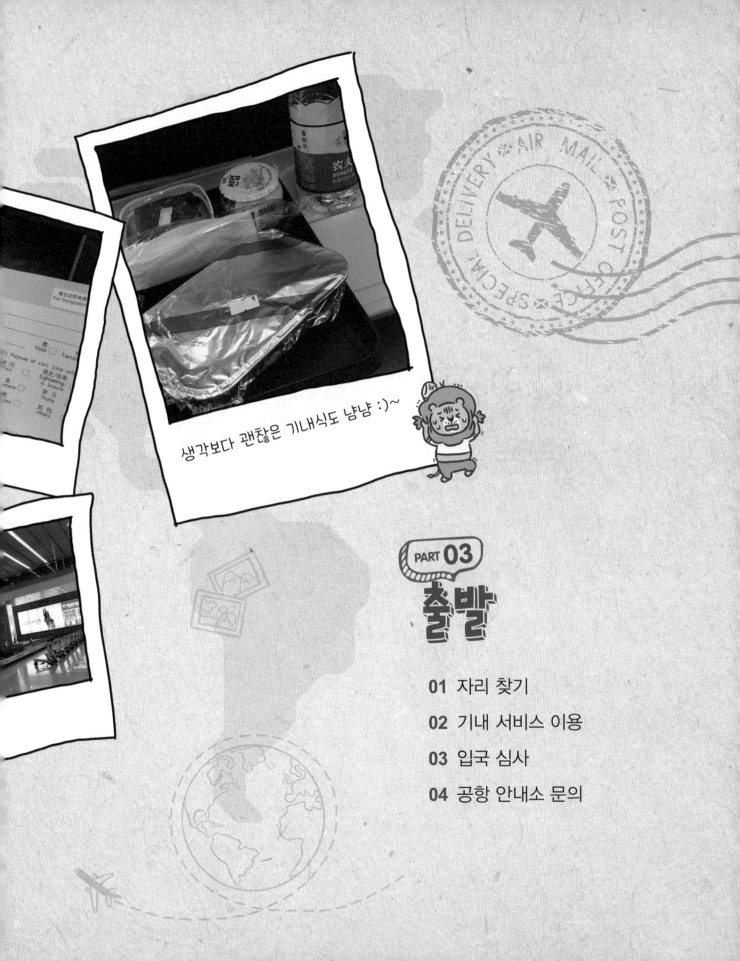

PART **03**

출발

 자리 찾기

제 좌석이 어디죠?

▶ mp3 03-01

我的座位在哪儿?
Wǒ de zuòwèi zài nǎr?

您的座位在前面。
Nín de zuòwèi zài qiánmian.

제 좌석이 어디죠?

손님 좌석은 앞쪽입니다.

* 座位 zuòwèi 좌석
* 前面 qiánmian 앞쪽

46

 세 번씩 따라 말해 보세요.

실례지만 제 좌석이 어디죠?　　　　　　　　　　▶ mp3 03-02 ✔ 2 3

请问我的座位在哪儿?

Qǐngwèn wǒ de zuòwèi zài nǎr?

请问 qǐngwèn 실례합니다

    ↻ **22D** èrshí'èr D 22D(좌석 번호)
    9号登机口 jiǔ hào dēngjīkǒu 9번 탑승구
    东方航空 Dōngfāng hángkōng 동방항공

실례지만, 저 좀 나갈게요.　　　　　　　　　　　▶ mp3 03-03 1 2 3

打扰一下，我想出去。

Dǎrǎo yíxià, wǒ xiǎng chūqù.

✚ 打扰一下
　: 실례지만

打扰 dǎrǎo 방해하다

    ↻ **进去** jìnqù 들어가다(안쪽으로)
    过去 guòqù 지나가다

안전벨트를 매 주십시오.　　　　　　　　　　　　▶ mp3 03-04 1 2 3

请您系好安全带。

Qǐng nín jìhǎo ānquándài.

✚ 请您 ➕ 동사
　: ~해 주십시오.

关闭 guānbì 끄다
调直 tiáozhí 바로 세우다
收起 shōuqǐ 접다

     关闭手机 guānbì shǒujī
    휴대 전화를 끄다
    调直座椅靠背 tiáozhí zuòyǐ kàobèi
    의자 등받이를 바로 세우다
    收起小桌板 shōuqǐ xiǎozhuōbǎn
    식사테이블을 접다

01 단어에 해당하는 뜻을 오른쪽 보기에서 찾아 연결해 보세요.

① 座位 •   • ⓐ 안전벨트

② 出去 •   • ⓑ 나가다

③ 安全带 •   • ⓒ 실례합니다

                           • ⓓ 좌석

02 문장을 읽고 빈칸에 들어갈 가장 알맞은 단어를 찾아 써 보세요.

보기   进去   安全带   座位

① 请问我的 [   ] 在哪儿?

실례지만, 제 좌석이 어디죠?

② 打扰一下, 我想 [   ] 。

실례지만, 저 좀 들어갈게요.

③ 请您系好 [   ] 。

안전벨트를 매 주십시오.

03 앞에서 배웠던 문장을 중국어로 말해 보세요.

☐ 실례지만 9번 탑승구가 어디죠?

☐ 실례지만, 저 좀 나갈게요.

☐ 안전벨트를 매 주십시오.

중국어로
술~술~
나올 때까지
연습 또 연습!

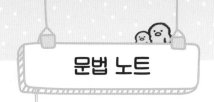

문법 노트

동사/형용사 + 一下。 좀 ~하세요. / 좀 ~할게요.
yíxià

중국어의 동사나 형용사 뒤에 一下 yíxià를 붙여서 말하면 '좀 ~하세요/할게요'라는
느낌으로 어감이 부드러워져요.

㈜ 请让一下。
　　Qǐng ràng yíxià.
　　좀 비켜 주세요.

㈜ 打扰一下。
　　Dǎrǎo yíxià.
　　실례 좀 하겠습니다.

중국 여행지 추천 베스트 5

① 베이징(北京 Běijīng): 중국의 수도이자 중국을 대표하는 도시예요. 만리장성(长城 Chángchéng),
　자금성(故宫 Gùgōng), 이화원(颐和园 Yíhéyuán) 등 다양한 문화 유적들을 만날 수 있어요.

② 상하이(上海 Shànghǎi): 야경이 멋진 와이탄(外滩 Wàitān)과 황푸강(黄浦江 Huángpǔ Jiāng)이
　있는 곳이죠. 상하이 대한민국 임시정부 유적지도 꼭 방문해 보세요.

③ 시안(西安 Xī'ān): 병마용(兵马俑 Bīngmǎyǒng)과 진시황릉이 있는 유서 깊은 역사 도시예요. 먹
　거리 골목인 회족 거리(回族街 Huízújiē)도 필수 방문 코스예요.

④ 칭다오(青岛 Qīngdǎo): 맥주가 유명해서 매년 여름 맥주 축제가 열리는 곳이죠. 바닷가에 위치해
　신선한 해산물 요리를 맛볼 수 있고, 한국과 가까워 1박 2일 여행으로 다녀와도 좋답니다.

⑤ 리장(丽江 Lìjiāng): 1년 내내 봄 날씨인 윈난(云南 Yúnnán)에 위치한 도시예요. 리장 고성(丽江
　古城 Lìjiāng gǔchéng)은 유네스코 세계문화유산에 등재된 만큼 볼거리가 가득해요.

담요 한 장 주세요.

好的。请稍等。
Hǎo de. Qǐng shāo děng.

请给我一条毯子。
Qǐng gěi wǒ yì tiáo tǎnzi.

🐨 담요 한 장 주세요.

👩 네, 잠시만 기다려 주세요.

＊ 一条 yì tiáo (담요) 한 장
＊ 毯子 tǎnzi 담요
＊ 稍 shāo 잠시
＊ 等 děng 기다리다

세 번씩 따라 말해 보세요.

담요 한 장 주세요.

▶ mp3 03-06 ✔ 2 3

请给我一条毯子。
Qǐng gěi wǒ yì tiáo tǎnzi.

- 一个枕头 yí ge zhěntou 베개 한 개
- 一双拖鞋 yì shuāng tuōxié 슬리퍼 한 켤레
- 一支圆珠笔 yì zhī yuánzhūbǐ 볼펜 한 자루

➕ 请给我 ➕ 사물
: ~를 주세요.

➕ 耳机 ěrjī 이어폰
眼罩 yǎnzhào 안대
韩文报纸 Hánwén bàozhǐ
한국 신문

一个 yí ge 한 개
一双 yì shuāng 한 켤레
一支 yì zhī 한 자루

물 한 잔 주세요.

▶ mp3 03-07 1 2 3

请给我一杯水。
Qǐng gěi wǒ yì bēi shuǐ.

- 可乐 kělè 콜라
- 橙汁 chéngzhī 오렌지주스
- 红酒 hóngjiǔ 와인

➕ 请给我一杯 ➕ 음료
: (음료) 한 잔 주세요.

➕ 雪碧 xuěbì 사이다(스프라이트)
苹果汁 píngguǒzhī 사과주스
啤酒 píjiǔ 맥주

어떤 음료가 있나요?

▶ mp3 03-08 1 2 3

有什么饮料?
Yǒu shénme yǐnliào?

- 茶 chá 차
- 酒 jiǔ 술
- 饭 fàn 밥(기내식을 물어볼 때)

➕ 有什么…?
: 어떤 ~가 있나요?

확인 문제

01 단어에 해당하는 뜻을 오른쪽 보기에서 찾아 연결해 보세요.

① 请给我 •

② 一条毯子 •

③ 一杯水 •

• ⓐ 담요 한 장

• ⓑ ~를 주세요

• ⓒ 음료

• ⓓ 물 한 잔

02 문장을 읽고 빈칸에 들어갈 가장 알맞은 단어를 찾아 써 보세요.

보기　　什么　　一杯　　一条

① 请给我 ☐ 毯子。

담요 한 장 주세요.

② 请给我 ☐ 橙汁。

오렌지주스 한 잔 주세요.

③ 有 ☐ 饮料?

어떤 음료가 있나요?

03 앞에서 배웠던 문장을 중국어로 말해 보세요.

☐ 베개 하나 주세요.

☐ 콜라 한 잔 주세요.

☐ 어떤 차가 있나요?

중국어로
술~술~
나올 때까지
연습 또 연습!

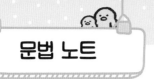

一 + 양사 + 명사 ~한 개 / ~한 잔 / ~한 켤레 / ~한 장
yì / yí

사물의 개수를 세는 단위를 중국어에서는 양사라고 해요. 잔에 담긴 물을 셀 때 쓰는 양사는 杯 bēi예요.

예 一杯水
yì bēi shuǐ
물 한 잔

두 개일 때는 二 èr이 아니라 两 liǎng으로 말해요.

예 请给我两个枕头。
Qǐng gěi wǒ liǎng ge zhěntou.
베개 두 개 주세요.

예 请给我两杯咖啡。
Qǐng gěi wǒ liǎng bēi kāfēi.
커피 두 잔 주세요.

여행 TIP

저비용 항공사(LCC 항공)는 보통 기내식을 제공하지 않아요. 음료 서비스의 경우는 생수 정도만 무료로 제공하지요. 때로는 소포장된 땅콩(花生 huāshēng)을 함께 제공하기도 해요. 기타 음료나 기내식은 추가로 돈을 지불한 후에 구매해야 한답니다.

입국 심사

▶ mp3 03-09

여행하러 왔어요.

你来中国做什么?
Nǐ lái Zhōngguó zuò shénme?

IMMIGRATION

我是来旅游的。
Wǒ shì lái lǚyóu de.

어떤 일로 중국에 오셨습니까?

여행하러 왔어요.

* 做 zuò 하다
* 旅游 lǚyóu 여행하다

세 번씩 따라 말해 보세요.

여행하러 왔어요. ▶ mp3 03-10

我是来旅游的。

Wǒ shì lái lǚyóu de.

我是来 ➕ 목적 ➕ 的
: ~하러 왔어요.

🔄 出差 chūchāi 출장하다
留学 liúxué 유학하다
见朋友 jiàn péngyou 친구를 만나다

4일간 머무릅니다. ▶ mp3 03-11

我呆四天。

Wǒ dāi sì tiān.

我呆 ➕ 기간
: ~동안 머무릅니다.

🔄 两天 liǎng tiān 이틀
一个星期 yí ge xīngqī 일주일
一个月 yí ge yuè 한 달

제 짐이 아직 안 나왔어요. ▶ mp3 03-12

我的行李还没出来。

Wǒ de xíngli hái méi chūlái.

还没 ➕ 동사
: 아직 ~하지 않았어요.

行李 xíngli 짐, 수화물
出来 chūlái (밖으로) 나오다
找不到 zhǎo bu dào
찾을 수 없다

 我的行李找不到了。
Wǒ de xíngli zhǎo bu dào le.
제 짐을 찾을 수가 없어요.

01 단어에 해당하는 뜻을 오른쪽 보기에서 찾아 연결해 보세요.

① 旅游 •
② 呆三天 •
③ 行李 •

• ⓐ 짐
• ⓑ 출장하다
• ⓒ 여행하다
• ⓓ 3일간 머무르다

02 문장을 읽고 빈칸에 들어갈 가장 알맞은 단어를 찾아 써 보세요.

> 보기　　没　　旅游　　呆

① 我是来 ⬚ 的。

여행하러 왔어요.

② 我 ⬚ 一个星期。

일주일간 머무릅니다.

③ 我的行李还 ⬚ 出来。

제 짐이 아직 안 나왔어요.

03 앞에서 배웠던 문장을 중국어로 말해 보세요.

☐ 출장 왔어요.

☐ 이틀간 머무릅니다.

☐ 제 짐이 아직 안 나왔어요.

중국어로
술~술~
나올 때까지
연습 또 연습!

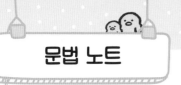
是来 + 목적 + 的。 ~하러 왔어요.
shì lái   de.

방문 목적을 말할 때 사용하는 패턴문형이에요. 부정형의 '~하러 온 게 아니에요'는
'不是来…的 búshì lái…de'라고 말하면 돼요.

예 我是来留学的。

  Wǒ shì lái liúxué de.

  저는 유학하러 왔어요.

예 我不是来旅游的。

  Wǒ búshì lái lǚyóu de.

  저는 여행하러 온 게 아니에요.

"我的行李还没出来。Wǒ de xíngli hái méi chūlái."

입국 심사를 마친 후, 짐 찾는 곳(行李提取处 xíngli tíqǔchù)으로 가서 짐을 찾아야 하겠죠. 만약 자
신의 짐이 나오지 않는다면 항공사 직원에게 수하물 표(行李单 xínglidān)를 보여 주면서 "我的行李
还没出来。Wǒ de xíngli hái méi chūlái."라고 말하세요.

 공항 안내소 문의

▶ mp3 03-13

공항버스는 어디에서 타나요?

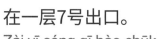

在一层7号出口。
Zài yī céng qī hào chūkǒu.

机场大巴在哪儿坐?
Jīchǎng dàbā zài nǎr zuò?

INFORMATION

 공항버스는 어디에서 타나요?

 1층 7번 출구에서요.

＊ 机场大巴 jīchǎng dàbā 공항버스
＊ 层 céng 층
＊ 号 hào (순서를 나타내는) 호
＊ 出口 chūkǒu 출구

 세 번씩 따라 말해 보세요.

안내데스크는 어디에 있나요?   ▶ mp3 03-14 ✓ 2 3

问询台在哪儿?

Wènxúntái zài nǎr?

＋ …在哪儿?
: ~는 어디에 있나요?

🔄 机场大巴售票处 jīchǎng dàbā shòupiàochù
공항버스 매표소

取款机 qǔkuǎnjī ATM기

行李寄存处 xíngli jìcúnchù 짐 보관소

공항버스는 어디에서 타나요?   ▶ mp3 03-15 1 2 3

机场大巴在哪儿坐?

Jīchǎng dàbā zài nǎr zuò?

＋ 교통수단 ＋ 在哪儿坐?
: ~는 어디에서 타나요?

坐车 zuò chē 차를 타다

坐地铁 zuò dìtiě
지하철을 타다

坐出租车 zuò chūzūchē
택시를 타다

🔄 地铁 dìtiě 지하철

高铁 gāotiě 고속철도

出租车 chūzūchē 택시

여기에서 호텔을 예약할 수 있나요?   ▶ mp3 03-16 1 2 3

这儿可以订酒店吗?

Zhèr kěyǐ dìng jiǔdiàn ma?

＋ 可以 ＋ 동사 ＋ 吗?
: ~할 수 있나요?

寄存 jìcún 맡기다

🔄 换钱 huànqián 환전하다

买车票 mǎi chēpiào 차표를 사다

寄存行李 jìcún xíngli 짐을 맡기다

01 단어에 해당하는 뜻을 오른쪽 보기에서 찾아 연결해 보세요.

① 问询台 •

② 机场大巴 •

③ 订酒店 •

• ⓐ 공항버스

• ⓑ 호텔을 예약하다

• ⓒ 고속철도

• ⓓ 안내데스크

02 문장을 읽고 빈칸에 들어갈 가장 알맞은 단어를 찾아 써 보세요.

보기   坐   可以   取款机

① ⬚⬚⬚⬚ 在哪儿?

ATM기는 어디에 있나요?

② 出租车在哪儿 ⬚⬚⬚⬚ ?

택시는 어디에서 타나요?

③ 这儿 ⬚⬚⬚⬚ 换钱吗?

여기에서 환전할 수 있나요?

03 앞에서 배웠던 문장을 중국어로 말해 보세요.

☐ 공항버스 매표소가 어디에 있나요?

☐ 고속철도는 어디에서 타나요?

☐ 여기에서 차표를 살 수 있나요?

중국어로
술~술~
나올 때까지
연습 또 연습!

这儿可以 + 동작 + 吗? 여기에서 ~할 수 있나요? / ~해도 되나요?
zhèr kěyǐ　　　　　　　ma?

**여행 중 방문한 장소에서 어떤 일을 하는 것이 가능한지 물어보거나 허락을 구할 때
사용할 수 있는 패턴문형이에요.**

예 这儿可以**订酒店**吗?
　 Zhèr kěyǐ **dìng jiǔdiàn** ma?
　 여기에서 호텔을 예약할 수 있나요?

예 这儿可以**寄存行李**吗?
　 Zhèr kěyǐ **jìcún xíngli** ma?
　 여기에 짐을 맡길 수 있나요?

"多给你十块。 Duō gěi nǐ shí kuài."

공항의 택시 승강장에는 택시를 배정해 주는 공항 직원이 있어서 직원의 안내에 따라 줄을 서서 차례대로 택시에 탑승하면 돼요. 만약 목적지가 공항에서 20분 내외의 가까운 곳이라면 일부 택시 기사의 불친절을 경험할 수도 있어요. 실례로 베이징 공항에서 한국인이 많이 사는 왕징(望京 Wàngjīng)까지는 약 20분이 소요되는 가까운 거리라 택시 기사들이 반가워하지 않는 목적지랍니다. 사실 기사의 반응이 너무 불친절하면 극약처방을 쓰는 것도 나쁘지 않아요. "10위안 더 드리겠다(多给你十块。Duō gěi nǐ shí kuài.)."라고 말하는 것이죠. 그러면 기사님들의 화가 다소 누그러지거든요. 참고로 공항-시내 구간의 택시비에는 10위안 정도의 고속도로 통행료(高速通行费 gāosù tōngxíngfèi)가 추가되니 미터기 요금보다 많은 금액을 요구해도 당황하지 마세요.

아, 알려줘...!

✦ 비행기에 탑승 후, 내 좌석을 찾아가는 중에 중국인 승객이 통로에 서 있다면
'조금만 비켜 주세요'라고 말해 보세요.

请让一下。
Qǐng ràng yíxià.

✦ 기내 서비스를 요청하고 나서 들을 수 있는 '잠시만 기다려 주세요'라는 표현은
승무원마다 약간씩 다를 수 있어요.

请稍等。
Qǐng shāo děng.

请等一下。
Qǐng děng yíxià.

请稍等一下。
Qǐng shāo děng yíxià.

※稍 shāo 약간, 잠시

✦ 중국을 처음으로 방문하는 외국인은 지문을 등록해야 해요. 공항에 도착해서 앞서 가는 승객들을 따라 이동하면 지문 등록하는 곳에 도착할 수 있어요. 한글 안내가 있어서 절차대로 지문을 등록하면 돼요.

공항의 안내데스크에서는 택시 승차장, 공항버스 승차장 등의 위치를 물어볼 수 있고, 관광 지도를 구하거나 관광지를 추천 받을 수도 있어요. 생소한 도시에 갔을 때는 안내데스트를 찾아가서 한번 문의해 보세요.

问询台在哪儿? (안내데스크가 어디에 있나요?)
Wènxúntái zài nǎr?

有没有旅游景点地图? (관광 지도가 있나요?)
Yǒu méiyǒu lǚyóu jǐngdiǎn dìtú?

지하철 이용법은 우리나라랑 거의 비슷하네?!

택시 속도 진짜 빠르다...무서워! xo

내릴 때 버스카드 단말기 태그는 필수!

베이징에서 톈진까지 30분!
#까오티에 #좋은_세상

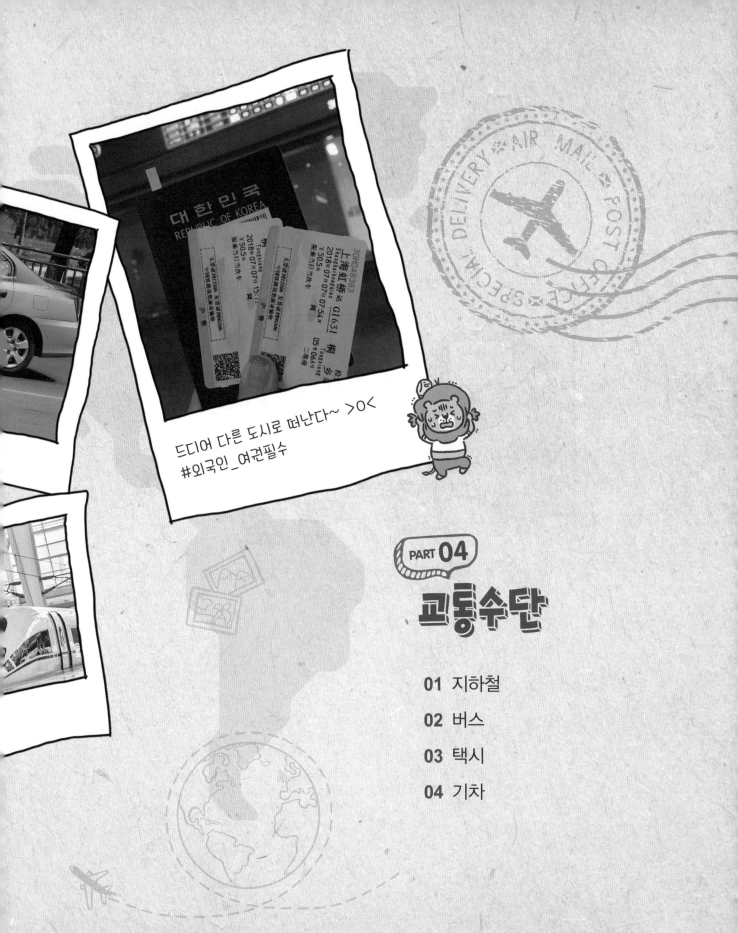

드디어 다른 도시로 떠난다~ >0<
#외국인_여권필수

PART 04

교통수단

 지하철

 mp3 04-01

시단역에 가려면 몇 호선을 타나요?

坐4号线。
Zuò sì hào xiàn.

去西单站坐几号线?
Qù Xīdān zhàn zuò jǐ hào xiàn?

🐰 시단역에 가려면 몇 호선을 타나요?

🧑 4호선을 타세요.

※ 西单 Xīdān 시단(베이징의 상업 지역)
※ 站 zhàn 정류장, 역
※ 号线 hào xiàn (지하철) 호선

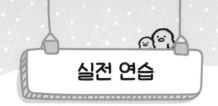

실전 연습

세 번씩 따라 말해 보세요.

시단역에 가려면 몇 호선을 타나요?   ▶ mp3 04-02 ✔ 2 3

➕ 去 ➕ 목적지 ➕ 坐几号线?
: ~에 가려면 몇 호선을 타나요?

航站楼 hángzhànlóu 터미널

去西单站坐几号线?

Qù Xīdān zhàn zuò jǐ hào xiàn?

🔄 西直门站 Xīzhímén zhàn 시즈먼역
浦东机场T2航站楼
Pǔdōng jīchǎng T èr hángzhànlóu
푸동공항 2터미널

와이탄에 가려면 어느 역에서 내려요?   ▶ mp3 04-03 1 2 3

哪个站 nǎge zhàn 어느 역

去外滩在哪个站下车?

Qù Wàitān zài nǎge zhàn xiàchē?

🔄 上车 shàngchē 차에 타다
换乘 huànchéng 갈아타다

실례지만, 난뤄구샹에 가려면 어느 출구로 나가요?   ▶ mp3 04-04 1 2 3

➕ 从 ➕ 출구 ➕ 出去
: ~로 나가다

➕ 南锣鼓巷 Nánluógǔxiàng
난뤄구샹 : 베이징을 대표하는 후통 거리

请问，去南锣鼓巷从哪个口出去?

Qǐngwèn, qù Nánluógǔxiàng cóng nǎge kǒu chūqù?

🔄 故宫 Gùgōng 고궁
颐和园 Yíhéyuán 이화원
豫园 Yùyuán 예원

哪个口 nǎge kǒu 어느 출구

01 단어에 해당하는 뜻을 오른쪽 보기에서 찾아 연결해 보세요.

① 四号线 •　　　　　　　• ⓐ 차에서 내리다

② 下车 •　　　　　　　• ⓑ 나가다

③ 出去 •　　　　　　　• ⓒ 몇 호선

　　　　　　　　　　　• ⓓ 4호선

02 문장을 읽고 빈칸에 들어갈 가장 알맞은 단어를 찾아 써 보세요.

보기　　　号线　　　从　　　上

① 去机场坐几 ☐ ?

공항에 가려면 몇 호선을 타나요?

② 去外滩在哪个站 ☐ 车?

와이탄에 가려면 어느 역에서 타나요?

③ 去故宫 ☐ 哪个口出去?

고궁에 가려면 어느 출구로 나가요?

03 다음 문장을 중국어로 말해 보세요.

☐ 공항에 가려면 몇 호선을 타나요?

☐ 와이탄에 가려면 어느 역에서 갈아타요?

☐ 실례지만, 이화원에 가려면 어느 출구로 나가요?

중국어로
술~술~
나올 때까지
연습 또 연습!

68

从 + 입구 + 进去 ~로 들어가세요.
cóng　　　　　jìnqù

从 + 출구 + 出去 ~로 나가세요.
cóng　　　　　chūqù

从 cóng 은 '~로 부터', '~을 통해'라는 뜻의 전치사로 **进去** jìnqù(들어가다), **出去** chūqù(나가다)와 함께 사용하여 어디로 들어가고 나가는지를 말할 수 있어요.

예 从东门进去，从西门出去。
　 Cóng dōngmén jìnqù, cóng xīmén chūqù.
　 동문으로 들어가서, 서문으로 나가세요.

예 从8号口出去。
　 Cóng bā hào kǒu chūqù.
　 8번 출구로 나가세요.

여행 TIP

중국의 지하철은 특이하게도 보안검색대를 통과해야만 탑승할 수 있어요. 공항만큼 까다롭지는 않지만 액체나 흉기 위험이 있는 날카로운 물건이 주요 검색 대상이어서 마시던 음료도 X레이 검색대 벨트를 통과시키거나 직접 마셔서 위험물이 아니라는 것을 보여줘야 해요. 휴대용 칼, 가위, 병따개가 있는 스위스 군용 칼(瑞士军刀 Ruìshì jūndāo)이 가방에 있다면 승차를 제지 당할 수 있어요.

 버스

▶ mp3 04-05

천안문에 가려면 몇 번 버스를 타나요?

去天安门坐几路车?
Qù Tiān'ānmén zuò jǐ lù chē?

坐301路。
Zuò sān líng yāo lù.

천안문에 가려면 몇 번 버스를 타나요?

301번을 타세요.

* 天安门 Tiān'ānmén
  천안문(베이징의 관광지)
* 路 lù (버스) 노선
* 301(三零幺) sān líng yāo
  301번(버스 번호가 세 자리 이상
  일 때는 한 자리씩 읽는다.)
* 幺 yāo 숫자 '1'
  (숫자 一 yī 대신 쓰이는 글자)

실전 연습

세 번씩 따라 말해 보세요.

천안문에 가려면 몇 번 버스를 타나요?　　▶ mp3 04-06　✓ 2 3

去天安门坐几路车?
Qù Tiān'ānmén zuò jǐ lù chē?

🔄 **长城** Chángchéng 만리장성
798艺术区 Qī jiǔ bā yìshùqū 798예술구

➕ 去 ➕ 목적지 ➕ 坐几路车?
: ~에 가려면 몇 번 버스를 타나요?

➕ 798艺术区 Qī jiǔ bā yìshùqū
798예술구 : 베이징에 위치한 공장
지대를 개조한 예술거리

중관춘에 가나요?　　▶ mp3 04-07　1 2 3

去中关村吗?
Qù Zhōngguāncūn ma?

🔄 **青岛啤酒博物馆** Qīngdǎo píjiǔ bówùguǎn
칭다오 맥주박물관
八大关 Bādàguān 팔대관 풍경구

➕ 中关村 Zhōngguāncūn 중관춘
: 베이징에 있는 전자 제품 쇼핑몰

➕ 八大关 Bādàguān
팔대관 풍경구 : 칭다오에 위치한
근대 유럽식 건물이 보존되어 있는
거리

예원까지 몇 정거장이나 더 가야 해요?　　▶ mp3 04-08　1 2 3

到豫园还要坐几站?
Dào Yùyuán hái yào zuò jǐ zhàn?

🔄 **到了豫园，告诉我。** Dào le Yùyuán, gàosu wǒ.
예원에 도착하면 알려 주세요.

➕ 到 ➕ 장소
: ~까지 / ~에 도착하다

还 hái 더
告诉 gàosu 알리다

➕ 豫园 Yùyuán 예원
: 상하이에 위치한 명나라 때 지어
진 전통 정원

확인 문제

01 단어에 해당하는 뜻을 오른쪽 보기에서 찾아 연결해 보세요.

① 去 •

② 几路车 •

③ 到 •

• ⓐ ~까지, ~에 도착하다

• ⓑ 몇 번 버스

• ⓒ 가다

• ⓓ 타다

02 문장을 읽고 빈칸에 들어갈 가장 알맞은 단어를 찾아 써 보세요.

보기 路 还 去

① 去长城坐几 [ ] 车?

만리장성에 가려면 몇 번 버스를 타나요?

② [ ] 中关村吗?

(버스 기사에게) 중관춘에 가나요?

③ 到豫园 [ ] 要坐几站?

예원까지 몇 정거장이나 더 가야 해요?

03 다음 문장을 중국어로 말해 보세요.

[ ] 만리장성에 가려면 몇 번 버스를 타나요?

[ ] (버스 기사에게) 칭다오 맥주박물관에 가나요?

[ ] 예원까지 몇 정거장이나 더 가야 해요?

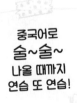

중국어로
술~술~
나올 때까지
연습 또 연습!

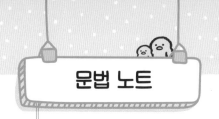

문법 노트

还要 + 동작 + 의문사 얼마나 더 ~해야 하나요?
hái yào

还 hái는 '더'라는 뜻의 부사로 여행 중에 '몇 정거장 더 가야 해요?', '얼마나 더 기다려야 해요?' 등의 질문을 할 때 사용할 수 있어요.

예 到豫园还要坐几站?

Dào Yùyuán hái yào zuò jǐ zhàn?

예원까지 몇 정거장이나 더 가야 해요?

예 还要等多长时间?

Hái yào děng duō cháng shíjiān?

얼마나 더 기다려야 해요?

여행 TIP

중국에서 버스를 이용해서 여행을 한다면 목적지와 가까운 곳에서 정차할 수 있고 지하철과 달리 보안검색대가 없어서 편리하게 이용할 수 있다는 장점이 있지요. 버스 요금은 1~2위안 정도로 아주 저렴한데, 거리에 관계없이 동일 요금을 적용하는 버스도 있고 내릴 때 하차 태그를 하면 거리에 따라 요금이 적용되는 버스도 있어요. 현금을 내는 경우, 버스 기사에게 행선지를 말하면 요금을 알려줘요. 중국 버스는 거스름 돈이 없으니, 잔돈을 미리 준비하세요.

이 주소로 가 주세요.

mp3 04-09

请到这个地址吧。
Qǐng dào zhège dìzhǐ ba.

好的。
Hǎo de.

师傅，靠边儿停一下。
Shīfu, kàobiānr tíng yíxià.

 (주소를 보여 주며) 이 주소로 가 주세요.

 네.

 (잠시 뒤) 기사님, 길 옆에 세워 주세요.

* 到 dào 도착하다
* 靠边儿 kàobiānr
  길 옆으로 붙다
* 停 tíng 멈추다, 정지하다

실전 연습

세 번씩 따라 말해 보세요.

(주소를 보여 주며) 이 주소로 가 주세요.　　　　mp3 04-10 2 3

酒店 jiǔdiàn 호텔

请到这个地址吧。

Qǐng dào zhège dìzhǐ ba.

🔄 去假日酒店吧。 Qù Jiàrì Jiǔdiàn ba.
홀리데이인 호텔로 가 주세요.

공항 가는 데 얼마나 걸리죠?　　　　mp3 04-11 1 2 3

➕ 去 ➕ 목적지 ➕ 需要多长时间?
: ～에 가는 데 얼마나 걸리나요?

去机场需要多长时间?

Qù jīchǎng xūyào duō cháng shíjiān?

需要 xūyào 필요하다
多长时间 얼마 동안
duō cháng shíjiān

🔄 酒店 jiǔdiàn 호텔
这儿 zhèr 여기
那儿 nàr 거기

길 옆에 세워 주세요. (=여기서 세워 주세요.)　　　　mp3 04-12 1 2 3

门口 ménkǒu 입구, 문앞

靠边儿停一下。

Kàobiānr tíng yíxià.

🔄 在前边儿 zài qiánbianr 앞쪽에
在酒店门口 zài jiǔdiàn ménkǒu 호텔 입구에

확인 문제

01 단어에 해당하는 뜻을 오른쪽 보기에서 찾아 연결해 보세요.

① 地址 •
② 停一下 •
③ 多长时间 •

• ⓐ 얼마 동안
• ⓑ 길 옆
• ⓒ 세워 주세요
• ⓓ 주소

02 문장을 읽고 빈칸에 들어갈 가장 알맞은 단어를 찾아 써 보세요.

보기   停   到   多长

① 请 ☐ 这个地址吧。

이 주소로 가 주세요.

② 去机场需要 ☐ 时间?

공항 가는 데 얼마나 걸리죠?

③ 靠边儿 ☐ 一下。

길 옆에 세워 주세요.

03 다음 문장을 중국어로 말해 보세요.

☐ 홀리데이인 호텔로 가 주세요.

☐ 여기 가는 데 얼마나 걸리죠?

☐ 호텔 입구에서 세워 주세요.

중국어로
술~술~
나올 때까지
연습 또 연습!

문법 노트

去 + 장소 + 需要多长时间? ~에 가는 데 얼마나 걸리죠?
qù　　　　　　　xūyào duō cháng shíjiān

목적지까지 걸리는 시간을 물어볼 때 사용할 수 있는 패턴문형이에요.

예 去机场需要多长时间?

　Qù jīchǎng xūyào duō cháng shíjiān?

　공항 가는 데 얼마나 걸리죠?

예 去那儿需要多长时间?

　Qù nàr xūyào duō cháng shíjiān?

　거기 가는 데 얼마나 걸리죠?

"去2号航站楼吧。 Qù èr hào hángzhànlóu ba."

베이징이나 상하이, 광저우와 같은 대도시에서는 택시를 타고 공항에 갈 때 터미널 역 번호를 구분해서 말해야 해요. 터미널을 뜻하는 알파벳 'T'를 써서 T1(T yī), T2(T èr)이라고 말하거나, '터미널'이라는 뜻의 航站楼(hángzhànlóu)를 써서 1号航站楼(yī hào hángzhànlóu), 2号航站楼(èr hào hángzhànlóu)라고 말하면 된답니다. 터미널에 도착하면 택시 기사가 국내선(国内航班 guónèi hángbān)인지 국제선(国际航班 guójì hángbān)인지 물어보는데, 귀국할 때는 国际航班(guójì hángbān)이라고 대답하면 국제선 탑승구와 가까운 곳에 세워 준답니다.

 기차

 (▶) mp3 04-13

오늘 오후 5시에 톈진 가는 고속철도 한 장 주세요.

我要一张今天下午5点去天津的高铁。
Wǒ yào yì zhāng jīntiān xiàwǔ wǔ diǎn qù Tiānjīn de gāotiě.

要一等座还是二等座?
Yào yī děng zuò háishi èr děng zuò?

一等座。
Yī děng zuò.

 오늘 오후 5시에 톈진 가는 고속철도 (표) 한 장 주세요.

 일등석을 드릴까요, 이등석을 드릴까요?

일등석이요.

* 一张 yì zhāng
　(기차표) 한 장
* 天津 Tiānjīn 톈진
　(중국 북방의 항구도시)
* 高铁 gāotiě 고속철도

78

실전 연습

세 번씩 따라 말해 보세요.

오늘 오후 5시에 텐진 가는 고속철도 (표) 한 장 주세요. ▶ mp3 04-14

我要一张今天下午5点去天津的高铁。

Wǒ yào yì zhāng jīntiān xiàwǔ wǔ diǎn qù Tiānjīn de gāotiě.

🔁 5月3号下午 wǔ yuè sān hào xiàwǔ 5월 3일 오후
今天晚上 jīntiān wǎnshang 오늘 저녁
明天早上 míngtiān zǎoshang 내일 아침

편도 표로 드릴까요, 왕복 표로 드릴까요? ▶ mp3 04-15 [1] [2] [3]

要单程票还是往返票?

Yào dānchéng piào háishi wǎngfǎn piào?

🔁 一等座 yī děng zuò 일등석
二等座 èr děng zuò 이등석
软卧 ruǎnwò 고급침대칸
硬卧 yìngwò 일반침대칸

➕ A还是B?
: A인가요, B인가요?

软卧 ruǎnwò
고급침대칸(4인실)
硬卧 yìngwò
일반침대칸(6인실)

짐을 기차에 두고 내렸어요. ▶ mp3 04-16 [1] [2] [3]

我把行李忘在火车上了。

Wǒ bǎ xíngli wàng zài huǒchē shang le.

🔁 地铁 dìtiě 지하철
公交车 gōngjiāochē 버스
出租车 chūzūchē 택시

➕ 把 ➕ 사물 ➕ 忘在 ➕ 장소 ➕ 了
: ~을 ~에 두고 왔다.

把 bǎ ~을(를)
忘 wàng 잊다

확인 문제

01 단어에 해당하는 뜻을 오른쪽 보기에서 찾아 연결해 보세요.

① 高铁 •

② 往返票 •

③ 火车 •

• ⓐ 기차

• ⓑ 왕복 표

• ⓒ 고속철도

• ⓓ 잊다

02 문장을 읽고 빈칸에 들어갈 가장 알맞은 단어를 찾아 써 보세요.

보기   高铁   把   还是

① 我要一张今天下午5点去天津的 ⬚ 。

오늘 오후 5시에 톈진 가는 고속철도 한 장 주세요.

② 要单程票 ⬚ 往返票?

편도 표로 드릴까요, 왕복 표로 드릴까요?

③ 我 ⬚ 行李忘在火车上了。

짐을 기차에 두고 내렸어요.

03 다음 문장을 중국어로 말해 보세요.

☐ 내일 아침에 톈진 가는 고속철도 한 장 주세요.

☐ 일등석으로 드릴까요, 이등석으로 드릴까요?

☐ 짐을 택시에 두고 내렸어요.

중국어로
술~술~
나올 때까지
연습 또 연습!

문법 노트

把 + 사물 + 忘在 + 장소 + 了。 ~를 ~에 (깜빡하고) 두고 왔어요.
bǎ   wàng zài   le

어떤 물건을 깜빡하고 두고 왔을 때 사용할 수 있는 패턴문형으로, 把 bǎ 뒤에는 두고 나온 물건을 써주면 돼요.

예 我把行李忘在火车上了。
   Wǒ bǎ xíngli wàng zài huǒchē shang le.
   짐을 기차에 두고 내렸어요.

예 我把雨伞忘在车上了。
   Wǒ bǎ yǔsǎn wàng zài chē shang le.
   우산을 차에 두고 내렸어요.

중국의 기차표는 온라인 예매와 현장 구매가 모두 가능해요. 현장 구매의 경우 사람이 많아 오래 기다릴 수도 있으니, 어플로 기차표를 예매하면 시간을 절약할 수 있지요. 현장 구매와 온라인 예매 모두 여권이 필요하므로 꼭 챙겨 두세요. 온라인 예매를 하고 현장에서 발권할 때는 예약 번호를 보여 주면 됩니다.

씨트립(Ctrip)	취날(去哪儿)
• 한국어 지원 • VISA, MASTER 등 신용카드 사용 가능 • 꼭! 여권에 있는 영문 이름으로 예약해야 함	• 중국어만 지원 • 중국 카드만 사용 가능 • 중국 내 휴대 전화 번호 필요 • 꼭! 여권에 있는 영문 이름으로 예약해야 함

✿ 지하철 역에서 교통카드를 구매해서 여행 중에 사용하면 편리해요. 카드 구매 시에 20~30위안 정도의 보증금 押金 yājīn을 지불하는데, 카드를 반납할 때 보증금과 충전된 금액을 돌려받을 수 있어요.

我要办卡，充30块。（카드를 만들고 싶어요, 30위안 충전해 주세요.）
Wǒ yào bàn kǎ, chōng sānshí kuài.

我要退卡。（카드 반납할게요.）
Wǒ yào tuì kǎ.

✿ 버스 노선 번호가 세 자리 이상일 때는 한 자리씩 읽고, '1'은 'yāo'로 읽어요.

305번 버스: 三零五路 sān líng wǔ lù
301번 버스: 三零幺路 sān líng yāo lù

✸ 택시에서 내릴 때는 영수증을 꼭 챙기세요. 영수증에는 차 번호, 승하차 시간이 나와 있어서 물건을 두고 내렸을 때 영수증을 근거로 분실물을 찾을 수도 있기 때문이에요. 택시 기사는 师傅 shīfu라고 부르면 돼요.

师傅，给我发票吧。 (기사님, 영수증 주세요.)
Shīfu, gěi wǒ fāpiào ba.

~~~~~~

✸ 중국에서 다른 도시로 이동할 때 저녁에 출발하는 장거리 기차를 탈 경우 침대칸을 이용하면 자면서 갈 수 있어 시간을 절약할 수 있어요. 软卧 ruǎnwò는 2층 침대 2개가 놓인 4인실이고, 硬卧 yìngwò는 3층 침대 2개가 놓인 6인실이에요. 침대칸은 오르락내리락할 필요 없는 아래 칸이 제일 비싸답니다.

침대의 윗 칸: 上铺 shàngpù
침대의 중간 칸: 中铺 zhōngpù
침대의 아래 칸: 下铺 xiàpù

저렴한 게스트하우스를 예약해 볼까?
#공용화장실

야무지게 조식도 챙겨 먹어야지!

Destination/hotel name
Shanghai, China

Check-in - Check-o

출발 전 숙소 예약은 미리미리. >

체크인할 때 여권은 필수!
#보증금_영수증_챙기자

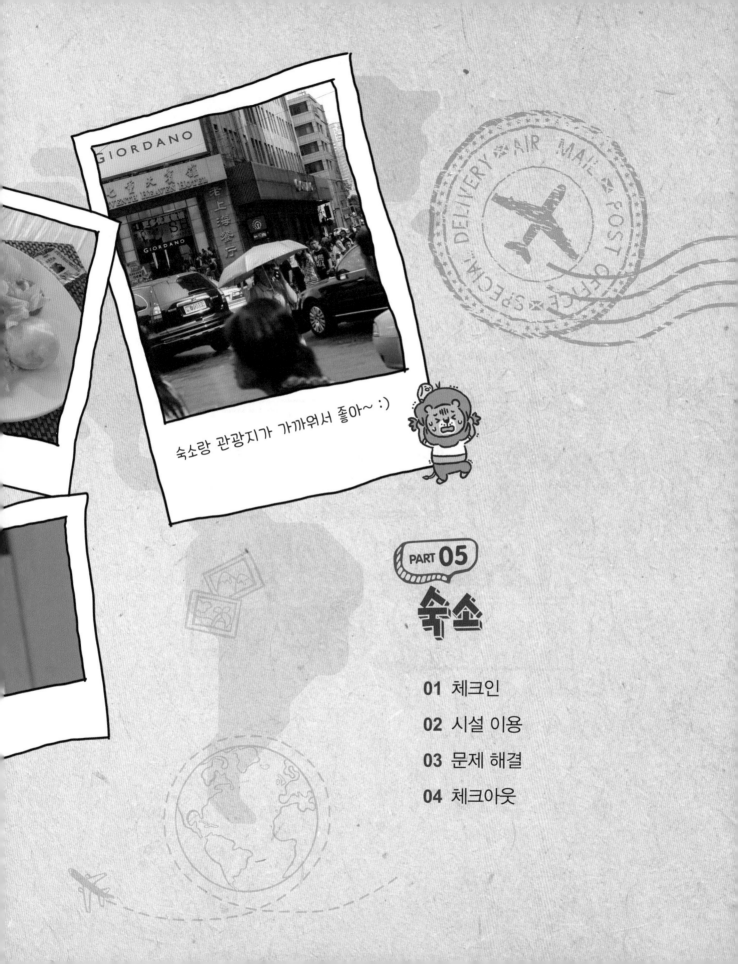

숙소랑 관광지가 가까워서 좋아~ :)

PART 05

숙소

 체크인

▶ mp3 05-01

예약하셨습니까?

您预订了吗?
Nín yùdìng le ma?

是的，我叫朴智旻。
Shì de, wǒ jiào Piáo Zhìmín.

请先填一下这张表。
Qǐng xiān tián yíxià zhè zhāng biǎo.

 예약하셨습니까?

 네, 이름은 박지민입니다.

 먼저 이 표를 작성해 주세요.

* 预定 yùdìng 예약하다
* 先 xiān 먼저, 우선
* 填 tián (표에) 기입하다
* 表 biǎo 표

86

실전 연습

 세 번씩 따라 말해 보세요.

싱글룸이 있나요?　　　　　　　　　　　　　　▶ mp3 05-02 ✔ 2 3

有没有单人间?

Yǒu méiyǒu dānrénjiān?

🔄 双人间 shuāngrénjiān 더블룸
标准间 biāozhǔnjiān 스탠다드룸

➕ 有没有 ➕ 사물 ?
: ~가 있나요?

먼저 이 표를 작성해 주세요.　　　　　　　　　　▶ mp3 05-03 1 2 3

请先填一下这张表。

Qǐng xiān tián yíxià zhè zhāng biǎo.

🔄 姓名 xìngmíng 성명
电话号码 diànhuà hàomǎ 전화번호

➕ 签名 qiānmíng
서명하다, 사인하다

8층 805호입니다. 여기 룸 카드입니다.　　　　　▶ mp3 05-04 1 2 3

8楼, 805房间。这是您的房卡。

Bā lóu, bā líng wǔ fángjiān. Zhè shì nín de fángkǎ.

🔄 房间钥匙
fángjiān yàoshi
방 열쇠
早餐券
zǎocānquàn
조식권

楼 lóu 층
房间 fángjiān 방
房卡 fángkǎ 룸 카드
钥匙 yàoshi 열쇠
早餐 zǎocān 조식(아침 식사)

01 단어에 해당하는 뜻을 오른쪽 보기에서 찾아 연결해 보세요.

① 单人间 •

② 填 •

③ 房卡 •

• ⓐ 기입하다

• ⓑ 더블룸

• ⓒ 싱글룸

• ⓓ 룸 카드

02 문장을 읽고 빈칸에 들어갈 가장 알맞은 단어를 찾아 써 보세요.

보기   填   双   房卡

① 有没有 ⬚ 人间?

더블룸이 있나요?

② 请先 ⬚ 一下姓名。

먼저 성함을 기입해 주세요.

③ 这是您的 ⬚ 。

여기 룸 카드입니다.

03 다음 문장을 중국어로 말해 보세요.

☐ 스탠다드룸이 있나요?

☐ 먼저 전화번호를 기입해 주세요.

☐ 여기 조식권입니다.

중국어로
술~술~
나올 때까지
연습 또 연습!

先 + 동작 먼저 ~을 하세요. / ~할게요.
xiān

先 xiān은 '먼저, 우선'이라는 뜻의 부사로 동작 앞에 쓰여서 '~을 먼저 하세요. / 할게요.'라고 표현할 수 있어요.

예 请先填一下这张表。

Qǐng xiān tián yíxià zhè zhāng biǎo.

먼저 이 표를 작성해 주세요.

예 你先吃吧。

Nǐ xiān chī ba.

먼저 드세요.

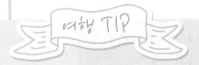

"早餐几点开始? Zǎocān jǐ diǎn kāishǐ?"

중국에서 호텔은 酒店(jiǔdiàn)이라고 하죠. 한자 독음이 '주점'이라고 해서 술집이라고 오해하지 마세요. 술집은 酒吧(jiǔbā)라고 하니까요. 호텔에서 조식 早餐(zǎocān) 포함 조건으로 예약했다면 조식 시간과 식사 장소를 확인해야겠지요? 아래 회화를 활용해 보세요.

请问, 早餐几点开始? Qǐngwèn, zǎocān jǐ diǎn kāishǐ?
실레지만, 아침 식사는 몇 시부터인가요?

请问, 在哪儿吃早餐? Qǐngwèn, zài nǎr chī zǎocān?
실레지만, 조식은 어디서 먹나요?

02

시설 이용

▶ mp3 05-05

와이파이 비밀번호가 뭐예요?

Wi-Fi密码是您的房间号码。
Wi-Fi mìmǎ shì nín de fángjiān hàomǎ.

Wi-Fi密码是多少?
Wi-Fi mìmǎ shì duōshao?

🦁 와이파이 비밀번호가 뭐예요?

👩 와이파이 비밀번호는 방 번호입니다.

＊ 密码 mìmǎ 비밀번호
＊ 多少 duōshao 얼마
＊ 号码 hàomǎ 번호

90

실전 연습

세 번씩 따라 말해 보세요.

와이파이 비밀번호가 뭐예요? ▶ mp3 05-06 ✔

Wi-Fi密码是多少?

Wi-Fi mìmǎ shì duōshao?

🔄 有没有无线网? Yǒu méiyǒu wúxiànwǎng?
무선인터넷이 되나요?

➕ 비밀번호, 전화번호, 방 번호를 물어
볼 때 …是多少? …shì duōshao?
라고 말한다.

无线网 wúxiànwǎng
무선인터넷, 와이파이

수건 한 장 더 가져다 주세요. ▶ mp3 05-07   1 2 3

请再给我一条毛巾。

Qǐng zài gěi wǒ yì tiáo máojīn.

🔄 一条浴巾 yì tiáo yùjīn 목욕 수건 한 장
一双拖鞋 yì shuāng tuōxié 슬리퍼 한 켤레
一卷卫生纸 yí juàn wèishēngzhǐ 화장지 한 롤

➕ 条 tiáo 가늘고 긴 물건을 세는 양사
一条毛巾 yì tiáo máojīn
수건 한 장
一条毯子 yì tiáo tǎnzi
담요 한 장

택시 한 대 불러 주세요. ▶ mp3 05-08   1 2 3

请帮我叫一辆出租车。

Qǐng bāng wǒ jiào yí liàng chūzūchē.

➕ 请帮我 ➕ 동작
: ~를 해 주세요.

帮 bāng 돕다
叫 jiào 부르다
一辆 yí liàng (차량) 한 대

01 단어에 해당하는 뜻을 오른쪽 보기에서 찾아 연결해 보세요.

① 密码 •

② 毛巾 •

③ 叫 •

• ⓐ 부르다

• ⓑ 택시

• ⓒ 비밀번호

• ⓓ 수건

02 문장을 읽고 빈칸에 들어갈 가장 알맞은 단어를 찾아 써 보세요.

> 보기   帮   多少   条

① Wi-Fi密码是 ⬚ ?

와이파이 비밀번호가 뭐예요?

② 请再给我一 ⬚ 浴巾。

목욕 수건 한 장 더 가져다 주세요.

③ 请 ⬚ 我叫一辆出租车。

택시 한 대 불러 주세요.

03 다음 문장을 중국어로 말해 보세요.

☐ 무선인터넷이 되나요?

☐ 수건 한 장 더 가져다 주세요.

☐ 택시 한 대 불러 주세요.

중국어로
술~술~
나올 때까지
연습 또 연습!

문법 노트

帮我 + 동작 제 대신 ~해 주세요.
bāng wǒ

도움을 청할 때 사용할 수 있는 패턴문형이에요. 여기서 帮 bāng은 '돕다'라는 뜻으로 '帮我 bāng wǒ'라고 하면 '제 대신 ~해 주세요'라는 의미를 나타내요.

예 请帮我叫一辆出租车。
   Qǐng bāng wǒ jiào yí liàng chūzūchē.
   택시 한 대 불러 주세요.

예 帮我开一下门。
   Bāng wǒ kāi yíxià mén.
   문 좀 열어 주세요.

"请叫醒我。 Qǐng jiàoxǐng wǒ."

중국의 대형 호텔 내에는 헬스클럽, 수영장, 사우나, 식당 등의 시설이 갖추어져 있고, 환전, 여행, 우체국 업무 등을 대행해 주는 곳도 있어요. 체크아웃 당일 아침 일찍 택시를 타고 공항에 가야 한다면, 전날 프런트데스크에 콜택시를 불러 달라고 요청하세요. 그리고 모닝콜 서비스도 이용해 보세요. 모닝콜을 부탁할 때는 모닝콜 시간과 함께 서비스를 요청하면 되겠지요?

明天早上6点，请叫醒我。 Míngtiān zǎoshang liù diǎn, qǐng jiàoxǐng wǒ.
내일 아침 6시에 모닝콜 해 주세요.

 문제 해결

에어컨이 고장났어요.

▶ mp3 05-09

马上派人去看看。
Mǎshàng pài rén qù kànkan.

 空调坏了。
Kōngtiáo huài le.

에어컨이 고장났어요.

바로 사람을 보내도록 하겠습니다.

＊ 空调 kōngtiáo 에어컨
＊ 坏了 huài le 고장나다
＊ 马上 mǎshàng 곧, 즉시
＊ 派 pài 파견하다

실전 연습

세 번씩 따라 말해 보세요.

에어컨이 고장났어요.　　　　　　　　　　　　　mp3 05-10

空调坏了。
Kōngtiáo huài le.

🔄 遥控器 yáokòngqì 리모콘
淋浴 línyù 샤워기
马桶 mǎtǒng 변기

➕ …坏了
: ~가 고장났어요.

➕ 电视 diànshì 텔레비전
灯 dēng 전등
门锁 ménsuǒ 문 잠금장치
吹风机 chuīfēngjī 드라이기

침대 시트를 바꿔 주세요.　　　　　　　　　　　mp3 05-11

给我换一下床单。
Gěi wǒ huàn yíxià chuángdān.

🔄 房间 fángjiān 방
毛巾 máojīn 수건
浴巾 yùjīn 목욕 수건

➕ 给我换一下…
: ~를 바꿔 주세요.

룸 카드를 안 가지고 나왔는데, 어떡하죠?　　　mp3 05-12

我忘了带房卡，怎么办?
Wǒ wàng le dài fángkǎ, zěnmebàn?

🔄 我丢了房卡
Wǒ diū le fángkǎ
룸 카드를 잃어버렸다

➕ 忘了带 ➕ 사물
: ~를 안 가지고 나왔어요.
(깜빡하고 안 가지고 나왔어요.)

忘 wàng 잊다
带 dài 휴대하다, (몸에) 지니다
丢 diū 잃어버리다

확인 문제

01 단어에 해당하는 뜻을 오른쪽 보기에서 찾아 연결해 보세요.

① 坏了　　•

② 床单　　•

③ 带　　•

•　ⓐ 침대 시트

•　ⓑ 고장나다

•　ⓒ 잊다

•　ⓓ 휴대하다

02 문장을 읽고 빈칸에 들어갈 가장 알맞은 단어를 찾아 써 보세요.

보기　　　给　　忘　　坏

① 空调 ☐☐☐☐ 了。

에어컨이 고장났어요.

② ☐☐☐☐ 我换一下房间。

방을 바꿔 주세요.

③ 我 ☐☐☐☐ 了带房卡。

룸 카드를 안 가지고 나왔어요.

03 다음 문장을 중국어로 말해 보세요.

☐ 변기가 고장났어요.

☐ 목욕 수건을 바꿔 주세요.

☐ 룸 카드를 안 가지고 나왔어요.

중국어로
술~술~
나올 때까지
연습 또 연습!

문법 노트

忘了带 + 사물 깜빡하고 ~를 안 가지고 나왔어요.
wàng le dài

어떤 물건을 가지고 나오지 않았는데, 일부러 그런 게 아니라, 깜빡했다는 뉘앙스를
줄 때 사용할 수 있는 패턴문형이에요.

예 我忘了带房卡。

Wǒ wàng le dài fángkǎ.

깜빡하고 룸 카드를 안 가지고 나왔어요.

예 我忘了带手机。

Wǒ wàng le dài shǒujī.

휴대 전화를 가지고 오는 걸 깜빡했어요.

여행 TIP

알고 가면 좋은 호텔 관련 단어

大厅 dàtīng 로비	客房 kèfáng 객실	押金 yājīn 보증금
冰箱 bīngxiāng 냉장고	空调 kōngtiáo 에어컨	电视 diànshì 텔레비전
遥控器 yáokòngqì 리모콘	床 chuáng 침대	浴缸 yùgāng 욕조

▶ mp3 05-13

체크아웃할게요.

我要退房。
Wǒ yào tuìfáng.

您的房间号码是多少?
Nín de fángjiān hàomǎ shì duōshao?

 1103。
Yāo yāo líng sān.

 체크아웃할게요.

방 번호가 어떻게 되시나요?

 1103이요.

＊ 退房 tuìfáng
체크아웃하다

실전 연습

 세 번씩 따라 말해 보세요.

좀 늦게 체크아웃해도 되나요?　　　　　　　▶ mp3 05-14　

能不能晚一点退房?

Néng bu néng wǎn yìdiǎn tuìfáng?

🔄 提前 tíqián 미리, 앞당겨서
　　现在 xiànzài 지금

➕ 能不能 ➕ 동사
: ~할 수 있나요?

➕ 형용사 ➕ 一点(儿)
: 좀 더 ~하다
　좀 더 ~하게 ~을 하다

晚 wǎn (규정된 시간보다) 늦다

이건 무슨 요금이죠?　　　　　　　　　　　▶ mp3 05-15　

这是什么费用?

Zhè shì shénme fèiyòng?

🔄 这个账单不对。 Zhège zhàngdān bú duì.
　　계산서가 안 맞아요.

费用 fèiyòng 비용, 요금
账单 zhàngdān 계산서
对 duì 맞다
不对 bú duì
맞지 않다, 정확하지 않다

짐을 맡겨도 되나요?　　　　　　　　　　　▶ mp3 05-16　

我可以寄存行李吗?

Wǒ kěyǐ jìcún xíngli ma?

🔄 这个东西 zhège dōngxi 이 물건
　　这个行李箱 zhège xínglixiāng 이 캐리어

➕ 可以 ➕ 동사 ➕ 吗?
: ~해도 되나요?

东西 dōngxi 물건
行李箱 xínglixiāng
캐리어 가방

확인 문제

01 단어에 해당하는 뜻을 오른쪽 보기에서 찾아 연결해 보세요.

① 退房 •

② 费用 •

③ 寄存 •

• ⓐ 비용

• ⓑ 짐

• ⓒ 체크아웃하다

• ⓓ 맡겨 두다

02 문장을 읽고 빈칸에 들어갈 가장 알맞은 단어를 찾아 써 보세요.

보기   晚   可以   什么

① 能不能 ⬚⬚⬚ 一点退房?

좀 늦게 체크아웃해도 되나요?

② 这是 ⬚⬚⬚ 费用?

이건 무슨 요금이죠?

③ 我 ⬚⬚⬚ 寄存行李吗?

짐을 맡겨도 되나요?

03 다음 문장을 중국어로 말해 보세요.

☐ 좀 늦게 체크아웃해도 되나요?

☐ 계산서가 안 맞아요.

☐ 이 캐리어를 맡겨도 되나요?

중국어로
술~술~
나올 때까지
연습 또 연습!

100

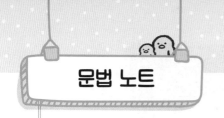

형용사 + 一点(儿) 좀 더 ~하게 해 주세요.
yìdiǎn(r)

형용사 뒤에 '조금, 약간'이라는 뜻의 一点 yìdiǎn을 붙여 말하면 정해진 기준보다 혹은 지금보다 '좀 더 ~하다' 또는 '좀 더 ~하게 ~을 하다'라는 뜻이 돼요. 여기서 '一'는 생략해서 말해도 되고, 끝에 儿 er 발음을 붙여서 말하기도 해요.

예 师傅, 能不能再快一点儿?

Shīfu, néng bu néng zài kuài yìdiǎnr?

기사님, 좀 더 빨리 가 주실 수 있나요?

예 慢点儿说, 可以吗?

Màn diǎnr shuō, kěyǐ ma?

천천히 말해 주시겠어요?

"能不能晚一点退房? Néng bu néng wǎn yìdiǎn tuìfáng?"

중국 호텔의 일반적인 퇴실 시간은 다음 날 오전 11시~12시예요. 일정상 체크아웃 시간을 연장해야 한다면 "能不能晚一点退房? Néng bu néng wǎn yìdiǎn tuìfáng?"이라고 물어 보세요. 그런데 체크아웃을 정해진 시간보다 늦게 할 경우에는 추가 요금을 지불해야 할 수도 있어요. 한두 시간 정도는 무료일 수 있지만 시간당 비용이나 숙박비의 50%를 지불해야 할 수도 있으니, 체크인할 때 미리 확인해 보는 게 좋겠지요?

아, 알려줘...!

중국어♥ 너를 좀 더 알고 싶어!

⭐ 중국의 숙박 시설은 온라인에서 선지불로 예약하고 가도 일반적으로 보증금 押金 yājīn을 받아요. 보증금은 현금이나 신용카드로 지불할 수 있는데, 보증금 영수증 押金条 yājīntiáo를 받아서 잘 보관해 두세요. 퇴실할 때 보증금 영수증을 보여줘야 보증금을 돌려받을 수 있어요.

⭐ 대형 호텔의 경우 종종 와이파이 비밀번호를 숙박하는 방 번호로 설정하기도 해요. Wi-Fi라고 해도 보통 알아듣지만, 무선인터넷이라는 뜻의 无线网 wúxiànwǎng 으로 말하기도 해요.

⭐ 호텔 숙박 시 발생하는 문제는 프런트 데스크 前台 qiántái에 연락하면 됩니다. 이때 방 번호를 먼저 밝혀야 되겠지요? 방 번호는 숫자를 하나씩 말하면 되는데, 이때 '1'은 보통 yāo라고 말해요.

这儿是1103号房间。 (여기는 1103호예요.)
Zhèr shì yāo yāo líng sān hào fángjiān.

✱ 체크아웃할 때는 룸 카드와 보증금 영수증, 결제한 카드를 함께 제시하세요. 만약 현금으로 지불했다면 현금으로 다시 돌려받을 수 있어요.

这是退给您的押金。 (여기 보증금을 돌려 드립니다.)
Zhè shì tuì gěi nín de yājīn.

押金退到您卡里了。 (보증금은 카드로 돌려 드렸습니다.)
Yājīn tuìdào nín kǎ li le.

딘타이펑 너무 좋아!
#프랜차이즈 #한국에도_있지

#들어가기 전_심호흡 #몇_명인지_묻는다면
(feat. 손가락 사용)

중국에 오면 샤오차이도
꼭 먹어 봐야 해 >_<

큐알코드 결제를 모르면
소외감이…(또르르)

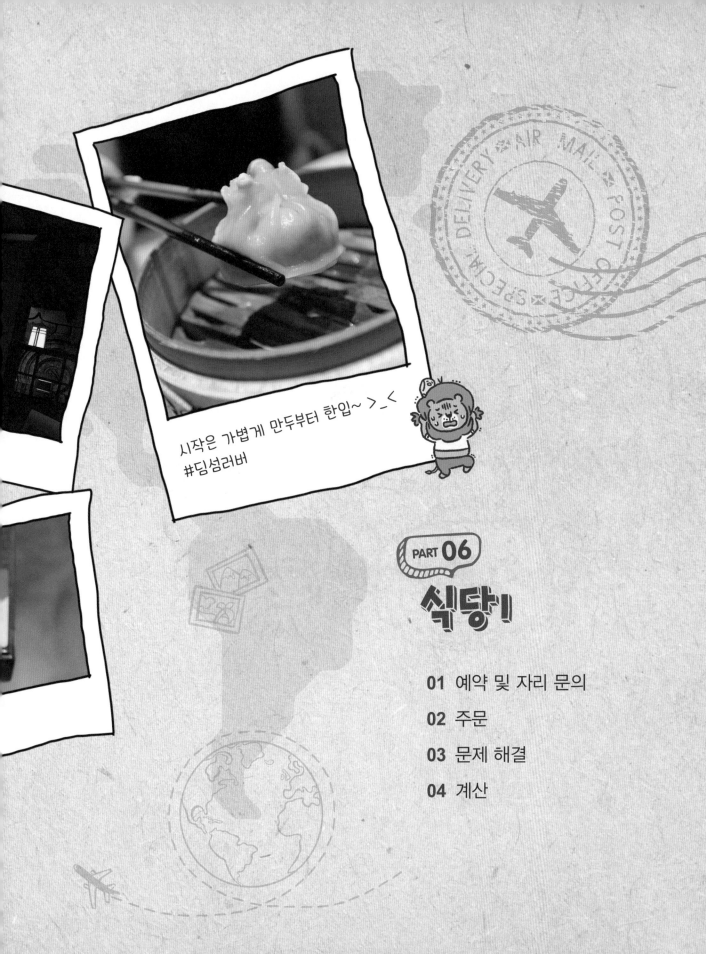

시작은 가볍게 만두부터 한입~ >_<
#딤섬러버

PART 06

식당1

예약 및 자리 문의 ▶ mp3 06-01

실례지만, 몇 분이신가요?

请问，您几位?
Qǐngwèn, nín jǐ wèi?

三位。
Sān wèi.

请这边坐。
Qǐng zhèbiān zuò.

🙂 실례지만, 몇 분이신가요?

🦁 3명이요.

🙂 이쪽으로 앉으세요.

＊ 位 wèi 분[존칭]

＊ 这边 zhèbiān 이쪽

실전 연습

세 번씩 따라 말해 보세요.

오늘 저녁 6시, 3명 자리를 예약하고 싶어요.

▶ mp3 06-02

➕ 我想订…
: ~를 예약하고 싶어요.

今天晚上6点，我想订三个人的位子。

Jīntiān wǎnshang liù diǎn, wǒ xiǎng dìng sān ge rén de wèizi.

订 dìng 예약하다
位子 wèizi 자리
包间 bāojiān
(음식점의) 단독룸

🔁 一个包间
yí ge bāojiān
(음식점의) 단독룸

자리 있나요?

▶ mp3 06-03

靠 kào 가까이 하다, 접근하다
靠窗 kàochuāng 창가

有位子吗?

Yǒu wèizi ma?

🔁 靠窗的位子 kàochuāng de wèizi 창가 자리

얼마나 기다려야 하죠?

▶ mp3 06-04

要 yào ~해야 한다
等 děng 기다리다
多久 duōjiǔ 얼마나 오랫동안
多长时间 duō cháng shíjiān
얼마나 오랜 시간 동안

要等多久?

Yào děng duōjiǔ?

🔁 多长时间 duō cháng shíjiān
얼마나 오랜 시간 동안

01 단어에 해당하는 뜻을 오른쪽 보기에서 찾아 연결해 보세요.

① 位子　•

② 包间　•

③ 多久　•

•　ⓐ 얼마 동안

•　ⓑ 자리

•　ⓒ 창가

•　ⓓ 단독룸

02 문장을 읽고 빈칸에 들어갈 가장 알맞은 단어를 찾아 써 보세요.

보기　　　等　　位子　　订

① 我想 ☐☐☐☐ 三个人的位子。

3명 자리를 예약하고 싶어요.

② 有 ☐☐☐☐ 吗?

자리 있나요?

③ 要 ☐☐☐☐ 多久?

얼마나 기다려야 하죠?

03 다음 문장을 중국어로 말해 보세요.

☐　오늘 저녁 6시, 단독룸으로 예약하고 싶어요.

☐　자리 있나요?

☐　얼마나 기다려야 하죠?

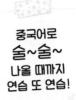

중국어로
술~술~
나올 때까지
연습 또 연습!

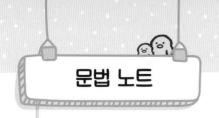

문법 노트

要 + 동작 ① ~하겠다 / ② ~해야 한다
yào

要 yào는 '~하겠다'라는 자신의 의지를 말할 때도 쓰이지만, '~해야 한다'라는 의미로 쓰여 의무를 나타낼 때도 쓰여요. 여행 중에 '얼마나 기다려야 하죠?', '얼마나 더 가야 하죠?'라는 말을 할 때 사용할 수 있어요.

㉠ 要等多久?
Yào děng duōjiǔ?
얼마나 기다려야 하죠?

㉠ 到豫园还要坐几站?
Dào Yùyuán hái yào zuò jǐ zhàn?
예원까지 몇 정거장이나 더 가야 해요?

"这个座位有人吗? Zhège zuòwèi yǒu rén ma?"

푸드 코트 혹은 노상식당에서 식사할 경우 직원의 도움 없이 알아서 자리를 잡아야 해요. 한국인들은 합석을 잘 안 하는 편이지만 중국인들은 모르는 사람과도 자연스럽게 합석해서 식사를 해요. 그래서 빈자리가 보인다면 그 옆이나 맞은편에 앉은 사람에게 "이 자리에 앉아도 되나요?"라는 뜻으로 "这个座位有人吗? Zhège zuòwèi yǒu rén ma?"라고 물어볼 수 있어요.

 주문

저기요, 주문할게요!

▶ mp3 06-05

服务员，点菜!
Fúwùyuán, diǎn cài!

您要点什么?
Nín yào diǎn shénme?

来一个鱼香肉丝。
Lái yí ge yúxiāngròusī.

🦁 저기요, 주문할게요!

🧑 뭘로 주문하시겠어요?

🦁 위샹러우쓰 하나 주세요.

＊ 服务员 fúwùyuán 종업원
＊ 点菜 diǎncài 음식을 주문하다
＊ 鱼香肉丝 yúxiāngròusī
　　위샹러우쓰 (채썬 돼지고기 볶음)

세 번씩 따라 말해 보세요.

저기요, 주문할게요!

▶ mp3 06-06 ✔ 2 3

服务员，点菜!
Fúwùyuán, diǎn cài!

↻ 菜单 càidān 메뉴판 (주세요.)

菜单 càidān 메뉴판

✚ 식당에서 주문할 때 '~할게요', '~주세요'라는 말을 굳이 하지 않고 간단히 '点菜 diǎn cài', '菜单 càidān'이라고 외치면 된다.

위샹러우쓰 하나 주세요.

▶ mp3 06-07 1 2 3

来一个鱼香肉丝。
Lái yí ge yúxiāngròusī.

↻ 两碗米饭 liǎng wǎn mǐfàn 공기밥 두 그릇
一瓶燕京啤酒，要冰的 yì píng Yānjīng píjiǔ, yào bīng de
옌징 맥주 두 병, 차가운 것

✚ 식당에서 주문할 때 来 lái 라고 말한다.
来一个… lái yí ge…
来一碗… lái yì wǎn…

碗 wǎn 그릇[양사]
瓶 píng 병[양사]
米饭 mǐfàn 공기밥, 쌀밥
冰 bīng 얼음, 아이스

특색 요리 추천 좀 해 주세요.

▶ mp3 06-08 1 2 3

推荐一下特色菜。
Tuījiàn yíxià tèsècài.

↻ 不辣的菜 bú là de cài 안 매운 요리
肉菜 ròu cài 고기 요리
素菜 sùcài 야채 요리

推荐 tuījiàn 추천하다
特色菜 tèsècài 특색 요리
辣 là 맵다

확인 문제

01 단어에 해당하는 뜻을 오른쪽 보기에서 찾아 연결해 보세요.

① 菜单   •

② 点菜   •

③ 推荐   •

• ⓐ 메뉴판

• ⓑ 특색 요리

• ⓒ 추천하다

• ⓓ 음식을 주문하다

02 문장을 읽고 빈칸에 들어갈 가장 알맞은 단어를 찾아 써 보세요.

보기   服务员   推荐   来

① ☐☐☐ ，菜单。

저기요, 메뉴판 주세요.

② ☐☐☐ 一瓶燕京啤酒，要冰的。

옌징 맥주 한 병, 차가운 걸로 주세요.

③ ☐☐☐ 一下特色菜。

특색 요리 추천 좀 해 주세요.

03 다음 문장을 중국어로 말해 보세요.

☐ 저기요, 주문할게요!

☐ 공기밥 두 그릇 주세요.

☐ 특색 요리 추천 좀 해주세요.

중국어로
술~술~
나올 때까지
연습 또 연습!

112

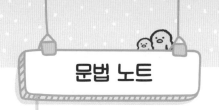

문법 노트

来 + 주문 음식/음료 ~를 주세요.
lái

再来 + 주문 음식/음료 ~를 더 주세요.
zài lái

再 zài는 '또, 더, 다시'라는 뜻이 있어서 再来 zài lái는 식사하다가 추가로 더 주문할 때 '이거 더 주세요'라는 의미로 사용할 수 있어요.

㉠ 来一瓶燕京啤酒。
　　Lái yì píng Yānjīng píjiǔ.
　　옌징 맥주 한 병 주세요.

㉠ 再来两瓶燕京啤酒。
　　Zài lái liǎng píng Yānjīng píjiǔ.
　　옌징 맥주 두 병 더 주세요.

"不要放香菜。 Búyào fàng xiāngcài."

중국 요리에 자주 사용되는 향신채 중 대표적인 것이 고수예요. 중국어로는 香菜(xiāngcài)인데, 호불호가 갈리는 향신채 중 하나죠. 고수를 넣은 음식이 입맛에 맞지 않는다면 음식 주문 끝에 '고수는 빼 주세요.'라는 의미로 **"不要放香菜。 Bú yào fàng xiāngcài."**라고 말해 보세요.

🦝 문제 해결   ▶ mp3 06-09

저기요, 접시 하나 더 주세요.

🦝 服务员，再给我一个碟子。
Fúwùyuán, zài gěi wǒ yí ge diézi.

好的，请等一下。
Hǎo de, qǐng děng yíxià.

🦝 저기요, 접시 하나 더 주세요.

🧑 네, 잠시만 기다리세요.

＊碟子 diézi 접시

114

세 번씩 따라 말해 보세요.

이건 제가 주문한 게 아니에요.

▶ mp3 06-10 ✔ 2 3

这不是我点的。

Zhè bú shì wǒ diǎn de.

我没 ➕ 동사
: 저는 ~하지 않았어요.

点 diǎn 주문하다
炒饭 chǎofàn 볶음밥

🔄 我没点这个。 Wǒ méi diǎn zhège.
저는 이걸 주문하지 않았어요.

我点的是炒饭，不是米饭。
Wǒ diǎn de shì chǎofàn, bú shì mǐfàn.
제가 주문한 건 볶음밥이지, 공기밥이 아니에요.

저희 음식이 왜 아직도 안 나오는 거죠?

▶ mp3 06-11 1 2 3

我们的菜怎么还没上?

Wǒmen de cài zěnme hái méi shàng?

怎么还没 ➕ 동사
: 왜 아직도 ~하지 않지요?

怎么 zěnme 왜, 어째서
上菜 shàng cài 요리를 내오다

🔄 我点的菜 wǒ diǎn de cài 내가 주문한 음식
锅包肉 guōbāoròu 꿔바오러우(탕수육)

저기요, 접시 하나 더 주세요.

▶ mp3 06-12 1 2 3

一双 yì shuāng 한 쌍의
一些 yìxiē 조금, 약간

服务员，再给我一个碟子。

Fúwùyuán, zài gěi wǒ yí ge diézi.

🔄 一双筷子 yì shuāng kuàizi
젓가락 한 벌

一个勺子 yí ge sháozi
숟가락 한 개

一些餐巾纸 yìxiē cānjīnzhǐ
냅킨 조금

01 단어에 해당하는 뜻을 오른쪽 보기에서 찾아 연결해 보세요.

① 怎么 •

② 碟子 •

③ 筷子 •

• ⓐ 접시

• ⓑ 젓가락

• ⓒ 왜, 어째서

• ⓓ 숟가락

02 문장을 읽고 빈칸에 들어갈 가장 알맞은 단어를 찾아 써 보세요.

보기   再   点   怎么

① 这不是我 ☐ 的。

　　이건 제가 주문한 게 아닌데요.

② 我们的菜 ☐ 还没上?

　　저희 음식이 왜 아직도 안 나오는 거죠?

③ 服务员, ☐ 给我一个碟子。

　　저기요, 접시 하나 더 주세요.

03 다음 문장을 중국어로 말해 보세요.

☐ 이건 제가 주문한 게 아니에요.

☐ 제가 주문한 음식이 왜 아직도 안 나오는 거죠?

☐ 저기요, 젓가락 한 벌 더 주세요.

중국어로
술~술~
나올 때까지
연습 또 연습!

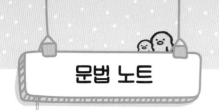
怎么还没 + 동사 왜 아직도 ~하지 않지요?
zěnme hái méi

怎么 zěnme는 '왜, 어째서'라는 뜻으로 상황이 이상하거나 뜻밖이라고 생각될 때 사용할 수 있어요. 그래서 还没 hái méi와 함께 사용하면 '어째서 아직도 안 되고 있는 거죠?'라는 뉘앙스를 줄 수 있어요.

예 我们的菜怎么还没上?
  Wǒmen de cài zěnme hái méi shàng?
  저희 음식이 왜 아직도 안 나오는 거죠?

예 这么晚，你怎么还没到?
  Zhème wǎn, nǐ zěnme hái méi dào?
  이렇게 늦게까지 당신은 왜 아직도 안 오세요?

중국 식당에 가면 식기(유리컵+밥그릇+접시)가 묶여서 비닐 포장된 채 제공되거나 물티슈가 테이블 위에 놓인 경우가 있는데, 그럴 때는 보통 비용을 따로 받아요. 그리고 이가 빠진 그릇을 쓰는 식당을 종종 볼 수 있는데, 그 식당이 오래되고 인기가 좋고 맛있는 집이라고 생각하기 때문에 새것으로 바꾸지 않는다고 해요.

 계산

mp3 06-13

저기요, 계산할게요.

 服务员，买单。
Fúwùyuán, mǎidān.

一共520块，你怎么付款？
Yígòng wǔbǎièrshí kuài, nǐ zěnme fùkuǎn?

现金。
Xiànjīn.

 저기요, 계산할게요.

모두 520위안입니다. 어떻게 지불하시겠어요?

현금이요.

* 买单 mǎidān 계산하다
* 一共 yígòng 모두, 전부
* 怎么 zěnme 어떻게
* 付款 fùkuǎn 지불하다

118

실전 연습

 세 번씩 따라 말해 보세요.

저기요, 계산할게요.

▶ mp3 06-14 ✓ 2 3

한국처럼 계산대에서 계산하는 곳도 있지만 중국의 많은 식당이 식사한 자리에서 계산한다.

服务员，买单。

Fúwùyuán, mǎidān.

🔄 结账 jiézhàng 계산하다
在哪儿买单? zài nǎr mǎidān?
어디서 계산하죠?

현금이요.

▶ mp3 06-15 1 2 3

중국의 결제 어플
微信 Wēixìn 위챗페이
支付宝 Zhīfùbǎo 알리페이

现金。

Xiànjīn.

🔄 刷卡。 Shuā kǎ. 카드 결제요.
微信。 Wēixìn. 위챗페이로 결제할게요.
支付宝。 Zhīfùbǎo. 알리페이로 결제할게요.

거스름돈을 잘못 주셨어요.

▶ mp3 06-16 1 2 3

找钱 zhǎo qián
돈을 거슬러 주다
错 cuò 틀리다
多 duō 많다
少 shǎo 적다

你找错钱了。

Nǐ zhǎocuò qián le.

🔄 多找给我了。 Duō zhǎo gěi wǒ le.
거스름돈을 더 주셨어요.
少找给我了。 Shǎo zhǎo gěi wǒ le.
거스름돈을 덜 주셨어요.

확인 문제

01 단어에 해당하는 뜻을 오른쪽 보기에서 찾아 연결해 보세요.

① 买单 •
② 现金 •
③ 找钱 •

• ⓐ 카드 결제하다
• ⓑ 계산하다
• ⓒ 돈을 거슬러 주다
• ⓓ 현금

02 문장을 읽고 빈칸에 들어갈 가장 알맞은 단어를 찾아 써 보세요.

> 보기
>
> 卡　错　单

① 服务员, 买 ☐ 。

저기요, 계산할게요.

② 刷 ☐ 。

카드 결제요.

③ 你找 ☐ 钱了。

거스름돈을 잘못 주셨어요.

03 다음 문장을 중국어로 말해 보세요.

☐ 현금이요.

☐ 카드 결제요.

☐ 거스름돈을 더 주셨어요.

> 중국어로
> 술~술~
> 나올 때까지
> 연습 또 연습!

120

문법 노트

동사 + 错 ~를 잘못하다.
cuò

동사 뒤에 错 cuò를 붙여 말하면 어떤 행동을 실수로 잘못함을 의미해요.

(예) 你找错钱了。

Nǐ zhǎocuò qián le.

거스름돈을 잘못 주셨어요.

(예) 这不是305路，我看错了。

Zhè bú shì sān líng wǔ lù, wǒ kàncuò le.

이건 305번 버스가 아니네요, 제가 잘못 봤어요.

"这次我来买单吧。Zhècì wǒ lái mǎidān ba."

중국도 한국과 마찬가지로 친한 사이에는 더치페이보다는 서로 번갈아 가며 식사를 대접하는 문화를 가지고 있어요. 중국인을 사귀게 되어서 식사를 대접하고 싶다면 계산할 때 '이번에 제가 계산할게요.' 라는 의미로 "这次我来买单吧。Zhè cì wǒ lái mǎidān ba."라고 말해 보세요.

요즘은 중국에서도 젊은 사람들끼리는 더치페이를 하는 문화가 생겼어요. 중국인 친구에게 '이번에 우리 더치페이해요.'라고 말하고 싶다면 "这次我们AA吧。Zhè cì wǒmen AA ba."라고 말해 보세요.

중국어 ♥

너를 좀 더 알고 싶어!

★ 식당을 예약할 때 단독룸을 원한다면 包间 bāojiān이 있는지 물어보면 돼요. 단독룸 사용료를 지불해야 하는 곳도 있으니, 예약할 때 미리 확인하는 것이 좋답니다.

有包间费吗? (룸 사용료가 있나요?)
Yǒu bāojiān fèi ma?

★ 중국 식당에서는 직원을 부를 때 '종업원'이라는 뜻의 服务员 fúwùyuán을 외쳐요. 음식을 주문할 때 중국어 발음을 잘 모르겠다면 메뉴판이나 음식을 가리키며 '이것'이라는 뜻의 这个 zhège만 간단히 말해도 돼요.

★ 중국 식당에서는 주식(밥/국수)을 주요리 뒤에 먹는 습관이 있어서 일반적으로 요리와 공기밥을 함께 주지 않아요. 요리와 공기밥을 함께 먹으려면 꼭 함께 달라고 말하세요.

米饭一起上。 (공기밥도 같이 주세요.)
Mǐfàn yìqǐ shàng.

122

✬ 최근 중국은 QR코드 결제가 보편화되어서 현금을 충분히 준비해 놓지 않는 곳이 많고, 소도시에는 아직까지도 신용카드가 안 되는 곳도 있어요. 따라서 10위안, 20위안 같은 소액권의 현금을 넉넉히 준비하는 것이 가장 좋아요.

중국 음식이 입에 안 맞는데,
KFC나 가 볼까?

아침 메뉴로 죽이랑 유탸오도 파는데, 맛있네!
#KFC_죽

후식으로는 역시 밀크티지!

마라탕 재료는 뭐가 좋을까?

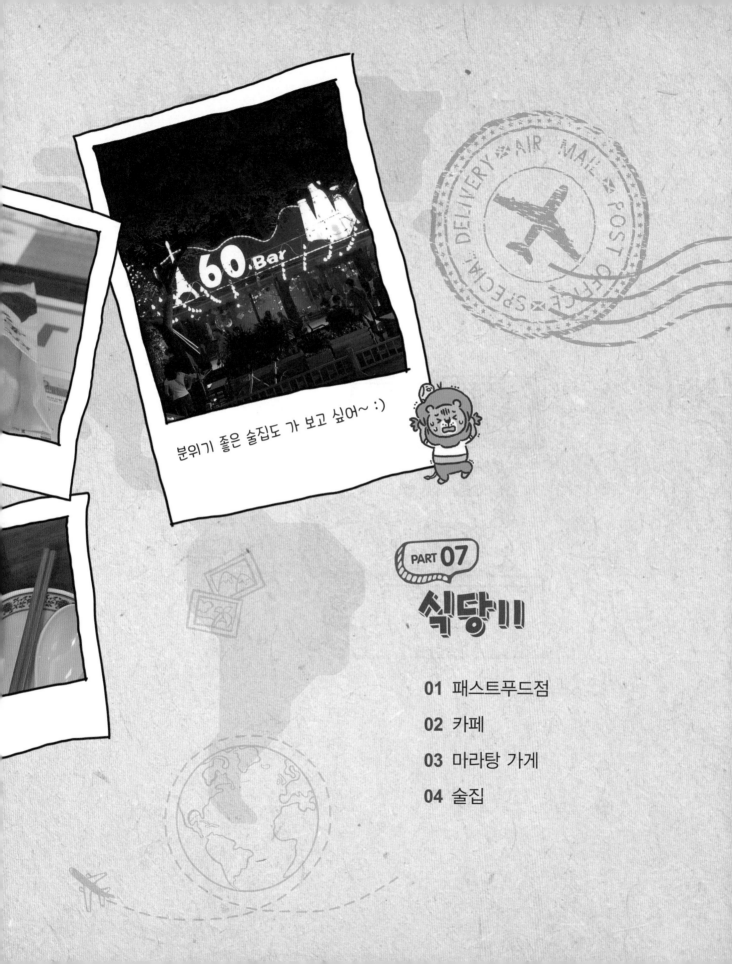

분위기 좋은 술집도 가 보고 싶어~ :)

PART 07

식당II

  패스트푸드점

▶ mp3 07-01

3번 세트로 한 개 주세요.

我要一个三号套餐。
Wǒ yào yí ge sān hào tàocān.

带走还是在这儿吃?
Dài zǒu háishi zài zhèr chī?

在这儿吃。
Zài zhèr chī.

🦁 3번 세트로 한 개 주세요.

🧢 가지고 가세요, 여기서 드세요?

🦁 여기서 먹을게요.

* 套餐 tàocān 세트 메뉴
* 带走 dài zǒu 가지고 가다
* 这儿 zhèr 여기

실전 연습

세 번씩 따라 말해 보세요.

3번 세트로 한 개 주세요.　　　　　　　　▶ mp3 07-02　✔ 2 3

我要一个3号套餐。

Wǒ yào yí ge sān hào tàocān.

🔄 巨无霸套餐 jùwúbà tàocān
　　빅맥 세트(맥도날드)

　吉士汉堡 jíshì hànbǎo 치즈버거(맥도날드)

　蛋挞 dàntǎ 에그타르트(KFC)

➕ 我要一个…
: ～ 하나 주세요.

巨无霸 jùwúbà 빅맥

콜라를 오렌지주스로 바꿀 수 있나요?　　　　▶ mp3 07-03　1 2 3

可以把可乐换成橙汁吗?

Kěyǐ bǎ kělè huànchéng chéngzhī ma?

🔄 雪碧 xuěbì 사이다

　芬达 fēndá 환타

　咖啡 kāfēi 커피

➕ 把 A 换成 B
: A를 B로 바꾸다

换成 huànchéng
～으로 바꾸다

가지고 가세요, 여기서 드세요?　　　　　　▶ mp3 07-04　1 2 3

带走还是在这儿吃?

Dài zǒu háishi zài zhèr chī?

🔄 带走吗? Dài zǒu ma? 가지고 가시나요?

PART 07 식당 II 127

01 단어에 해당하는 뜻을 오른쪽 보기에서 찾아 연결해 보세요.

① 套餐 •
② 换 •
③ 带走 •

• ⓐ 오렌지주스
• ⓑ 가지고 가다
• ⓒ 바꾸다
• ⓓ 세트 메뉴

02 문장을 읽고 빈칸에 들어갈 가장 알맞은 단어를 찾아 써 보세요.

> 보기   换成   走   号

① 我要一个3 ☐ 套餐。

　3번 세트로 한 개 주세요.

② 可以把可乐 ☐ 橙汁吗?

　콜라를 오렌지주스로 바꿀 수 있나요?

③ 带 ☐ 还是在这儿吃?

　가지고 가세요, 여기서 드세요?

03 다음 문장을 중국어로 말해 보세요.

☐ 빅맥 세트 하나 주세요.

☐ 콜라를 사이다로 바꿀 수 있나요?

☐ 가지고 가시나요?

중국어로
술~술~
나올 때까지
연습 또 연습!

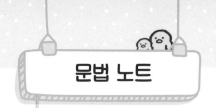

把 + 사물1 + 换成 + 사물2 사물1을 사물2로 바꾸다
bǎ   huànchéng

换成 huànchéng은 '～으로 바꾸다'라는 뜻으로 무언가를 다른 것으로 바꿀 때 사용할 수 있는 패턴문형이에요.

예 可以把可乐换成雪碧吗?

Kěyǐ bǎ kělè huànchéng xuěbì ma?

콜라를 사이다로 바꿀 수 있나요?

예 我想把韩币换成人民币。

Wǒ xiǎng bǎ Hánbì huànchéng Rénmínbì.

한국 돈을 런민비로 바꾸고 싶은데요.

여행 TIP

早餐套餐 zǎocān tàocān - 모닝 세트

중국인들이 아침에 즐겨먹는 음식으로는 우리의 꽈배기와 비슷한 油条 (yóutiáo), 두유와 비슷한 豆浆(dòujiāng), 우리의 죽보다 맑은 粥(zhōu) 가 있어요. 중국의 KFC와 맥도날드에서는 중국인의 이러한 식습관을 고려해서 죽과 두유 등을 모닝 세트(早餐套餐 zǎocān tàocān) 메뉴로 판매하고 있답니다.

 카페

▶ mp3 07-05

아이스 아메리카노 한 잔 주세요.

我要一杯冰美式。
Wǒ yào yì bēi bīng měishì.

中杯还是大杯?
Zhōng bēi háishi dà bēi?

中杯。
Zhōng bēi.

 아이스 아메리카노 한 잔 주세요.

톨(중간) 사이즈 드릴까요,

그란데(큰) 사이즈로 드릴까요?

톨 사이즈요.

* 冰 bīng 아이스, 얼음
* 美式咖啡 měishì kāfēi
  아메리카노
* 中杯 zhōng bēi
  톨 사이즈 컵
* 大杯 dà bēi
  그란데 사이즈 컵

실전 연습

세 번씩 따라 말해 보세요.

아이스 아메리카노 한 잔 주세요. ▶ mp3 07-06 2 3

我要一杯冰美式。
Wǒ yào yì bēi bīng měishì.

冰拿铁 bīng nátiě 아이스 라떼
美式咖啡，热的 měishì kāfēi, rè de
뜨거운 아메리카노
卡布奇诺，热的 kǎbùqínuò, rè de
뜨거운 카푸치노

커피 주문법
〈아이스 커피〉
冰 ➕ 커피 이름

〈뜨거운 커피〉
커피 이름 ➕ 热的

冷萃咖啡 lěngcuì kāfēi
콜드브루 커피

톨 사이즈로 주세요. ▶ mp3 07-07 1 2 3

我要中杯。
Wǒ yào zhōng bēi.

大杯 dà bēi 그란데 사이즈
超大杯 chāo dà bēi 벤티 사이즈
小杯 xiǎo bēi 숏 사이즈

별다방 컵 사이즈
小杯 xiǎo bēi 숏(short)
中杯 zhōng bēi 톨(tall)
大杯 dà bēi 그란데(grande)
超大杯 chāo dà bēi 벤티(venti)

뜨거운 물 좀 넣어 주세요. ▶ mp3 07-08 1 2 3

加点儿热水吧。
Jiā diǎnr rèshuǐ ba.

糖 táng 설탕
冰块儿 bīng kuàir 얼음
奶油 nǎiyóu 휘핑 크림

…吧
: ~해 주세요

加 jiā 추가하다, 더하다

01 단어에 해당하는 뜻을 오른쪽 보기에서 찾아 연결해 보세요.

① 冰美式 •

② 中杯 •

③ 加热水 •

• ⓐ 톨(중간) 사이즈 컵

• ⓑ 뜨거운 물을 넣다

• ⓒ 한 잔

• ⓓ 아이스 아메리카노

02 문장을 읽고 빈칸에 들어갈 가장 알맞은 단어를 찾아 써 보세요.

보기   加   冰   中

① 我要一杯 ⬚ 美式。

아이스 아메리카노 한 잔 주세요.

② 我要 ⬚ 杯。

톨(중간) 사이즈로 주세요.

③ ⬚ 点儿热水吧。

뜨거운 물 좀 넣어 주세요.

03 다음 문장을 중국어로 말해 보세요.

☐ 아메리카노 뜨거운 걸로 한 잔 주세요.

☐ 그란데(큰) 사이즈로 주세요.

☐ 얼음 좀 넣어 주세요.

중국어로
술~술~
나올 때까지
연습 또 연습!

加点儿…吧。 ~를 좀 넣어 주세요.
jiā diǎnr ba

'~을 좀 넣어 주세요'라는 뜻으로 식당이나 카페에서 별도로 추가 요청을 할 때 사용할 수 있는 패턴문형이에요.

㉠ 加点儿冰块儿吧。

Jiā diǎnr bīng kuàir ba.

얼음 좀 넣어 주세요.

㉠ 加点儿汤吧。

Jiā diǎnr tāng ba.

육수 좀 추가해 주세요.

여행 TIP

手冲咖啡 shǒuchōng kāfēi 핸드드립 커피

중국인들은 평소 차를 즐겨 마시는 것으로 알려져 있는데, 요즘은 커피를 좋아하는 사람들이 크게 늘어났다고 해요. 차를 전문으로 판매하는 매장에서도 커피 메뉴를 추가할 정도라고 하니 그 인기를 가늠할 수 있겠죠? 중국에서 핸드드립 커피를 마시고 싶다면 다음과 같이 얘기해 보세요.

Step ① 有手冲咖啡吗? Yǒu shǒuchōng kāfēi ma? 핸드드립 커피가 있나요?

Step ② 我喜欢酸的。Wǒ xǐhuan suān de. 저는 산미가 있는 것을 좋아해요.
我不喜欢酸的。Wǒ bù xǐhuan suān de. 저는 산미가 없는 것을 좋아해요.

Step ③ 推荐一下, 好吗? Tuījiàn yíxià, hǎo ma? 추천해 주실 수 있나요?

 마라탕 가게

약간 매운맛으로 해 주세요.

一共30块，要什么口味的？
Yígòng sānshí kuài, yào shénme kǒuwèi de?

 我要微辣的。
Wǒ yào wēi là de.

모두 합쳐서 30위안입니다, 어떤 맛으로 하시겠어요?

약간 매운맛으로 해 주세요.

* 口味 kǒuwèi 맛
* 微辣 wēi là 약간 맵다

실전 연습

세 번씩 따라 말해 보세요.

테이블 좀 치워 주세요.   ▶ mp3 07-10 ☑

请收拾一下桌子吧。

Qǐng shōushi yíxià zhuōzi ba.

↳ 🔄 擦 cā 닦다

收拾 shōushi
치우다, 정리하다

소고기 1인분 더 추가할게요.   ▶ mp3 07-11

再加一份牛肉。

Zài jiā yí fèn niúròu.

↳ 🔄 羊肉 yángròu 양고기

➕ 채소의 무게를 재고 계산할 때
고기를 추가할 수 있다.

一份 yí fèn 1인분

약간 매운맛으로 해 주세요.   ▶ mp3 07-12

我要微辣的。

Wǒ yào wēi là de.

↳ 🔄 中辣的 zhōng là de 보통 매운맛
清汤 qīngtāng 맑은 국물
番茄口味的 fānqié kǒuwèi de 토마토 국물 맛

中辣 zhōng là 중간 매운맛
清汤 qīngtāng 맑은 국물
番茄 fānqié 토마토

01 단어에 해당하는 뜻을 오른쪽 보기에서 찾아 연결해 보세요.

① 收拾 •

② 牛肉 •

③ 微辣 •

• ⓐ 토마토

• ⓑ 약간 매운맛

• ⓒ 소고기

• ⓓ 치우다

02 문장을 읽고 빈칸에 들어갈 가장 알맞은 단어를 찾아 써 보세요.

보기   份   擦   微

① 请 ☐ 一下桌子吧。

테이블 좀 닦아 주세요.

② 再加一 ☐ 牛肉。

소고기 1인분 더 추가할게요.

③ 我要 ☐ 辣的。

약간 매운맛으로 해 주세요.

03 다음 문장을 중국어로 말해 보세요.

☐ 테이블 좀 치워 주세요.

☐ 소고기 1인분 더 추가할게요.

☐ 보통 매운맛으로 해 주세요.

중국어로
술~술~
나올 때까지
연습 또 연습!

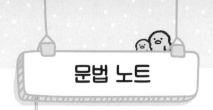

문법 노트

请…吧。 ~해 주세요.
qǐng ba

정중하게 부탁할 때 请 qǐng으로 말을 시작하지요? 문장 마지막에 吧 ba를 붙이면 부드러우면서도 가볍게 요청하는 느낌을 줄 수 있어요.

⑩ 请收拾一下桌子吧。
　 Qǐng shōushi yíxià zhuōzi ba.
　 테이블 좀 치워 주세요.

⑩ 请到这个地址吧。
　 Qǐng dào zhège dìzhǐ ba.
　 이 주소로 가 주세요.

海底捞 Hǎidǐlāo 하이디라오

중국식 샤브샤브인 훠궈(火锅 huǒguō)는 마라(麻辣 málà) 맛 육수에 각종 채소, 고기, 해산물을 넣어 먹는 요리예요. 한국에도 진출한 중국 훠궈 전문점인 하이디라오(海底捞 Hǎidǐlāo)는 중국에서도 맛집으로 통하는 곳이에요. 주문은 태블릿 PC로 하는데 재료 사진이 있기 때문에 주문하기 쉬워요. 직원들의 서비스 태도는 중국에서도 손꼽히는 곳이죠. 특히 사람이 많아서 차례를 기다리고 있을 때 과일, 팝콘 등의 음식을 제공할 뿐만 아니라 구두 손질, 네일 케어도 해줘요. 또 국수를 주문하면 테이블로 반죽을 가지고 와서 수타면을 만들어 주기 때문에 눈과 입이 즐거운 곳으로 한 번쯤은 방문해 볼 만한 맛집이랍니다.

 술집

생맥주 세 잔 주세요.

您要来点儿什么？
Nín yào lái diǎnr shénme?

来三杯扎啤。
Lái sān bēi zhāpí.

뭘로 주문하시겠어요?

생맥주 세 잔 주세요.

＊ 扎啤 zhāpí 생맥주

실전 연습

세 번씩 따라 말해 보세요.

생맥주 세 잔 주세요.

▶ mp3 07-14

来三杯扎啤。
Lái sān bēi zhāpí.

- 一杯莫吉托 yì bēi mòjítuō 모히또 한 잔
- 一瓶五粮液 yì píng wǔliángyè 우량예 한 병
- 这瓶红酒 zhè píng hóngjiǔ 이 와인 한 병

✛ 술 종류
鸡尾酒 jīwěijiǔ 칵테일
白酒 báijiǔ 백주
红酒 hóngjiǔ 와인
洋酒 yángjiǔ 양주
威士忌 wēishìjì 위스키

✛ 술 주문은 일반적으로 구체적인 술
이름을 말하며 주문한다.

얼음 넣은 걸로 주세요.

▶ mp3 07-15

我要加冰块儿的。
Wǒ yào jiā bīngkuàir de.

- 冰的 bīng de 차가운 것
- 常温的 chángwēn de 상온의 것
- 无酒精的 wú jiǔjīng de 무알콜의 것

无酒精 wú jiǔjīng 무알콜

실례지만, 병따개 주세요.

▶ mp3 07-16

麻烦你，给我瓶起子。
Máfan nǐ, gěi wǒ píngqǐzi.

- 酒单 jiǔdān 주류 메뉴판(와인 리스트)
- 烟灰缸 yānhuīgāng 재떨이
- 一个啤酒杯 yí ge píjiǔbēi
  맥주잔 하나

麻烦你 máfan nǐ (부탁할 때)
실례지만, 죄송하지만

 打火机 dǎhuǒjī 라이터

01 단어에 해당하는 뜻을 오른쪽 보기에서 찾아 연결해 보세요.

① 扎啤 •

② 冰的 •

③ 瓶起子 •

• ⓐ 병따개

• ⓑ 차가운 것

• ⓒ 생맥주

• ⓓ 얼음 넣은 것

02 문장을 읽고 빈칸에 들어갈 가장 알맞은 단어를 찾아 써 보세요.

보기   加   瓶起子   扎啤

① 来三杯 ☐ 。

생맥주 세 잔 주세요.

② 我要 ☐ 冰块儿的。

얼음 넣은 걸로 주세요.

③ 麻烦你, 给我 ☐ 。

실례지만, 병따개 주세요.

03 다음 문장을 중국어로 말해 보세요.

☐ 이 와인 한 병 주세요.

☐ 차가운 걸로 주세요.

☐ 실례지만, 주류 메뉴판 주세요.

중국어로
술~술~
나올 때까지
연습 또 연습!

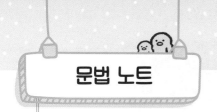

동사 / 형용사 + 的 ~한 것
de

중국어로 차가운 것, 뜨거운 것, 상온의 것, 얼음을 넣은 것, 설탕을 넣은 것과 같이 '~한 것'이라고 말하려면 동사나 형용사 뒤에 的 de만 붙이면 돼요.

예 我要加冰块儿的。

　Wǒ yào jiā bīngkuàir de.

　얼음 넣은 걸로 주세요.

예 要热的还是冰的?

　Yào rè de háishi bīng de?

　뜨거운 걸로 드려요, 차가운 걸로 드려요?

假酒 jiǎjiǔ 가짜 술

중국에는 유명 브랜드의 술을 불법으로 제조해서 판매하는 가짜 술이 굉장히 많아요. 중국인들조차도 양주, 백주는 가짜 술(假酒 jiǎjiǔ)이 워낙 많아서 술집에서 가급적 주문하지 않는 것이 좋다고 해요. 다행히도 맥주는 가짜 술이 거의 없다고 하네요. 한국인에게도 잘 알려진 맥주 브랜드로는 칭다오 맥주(青岛啤酒 Qīngdǎo píjiǔ)가 있지요. 이 밖에도 베이징에서 생산되는 옌징 맥주(燕京啤酒 Yānjīng píjiǔ)가 있고, 하얼빈에서 생산되는 하얼빈 맥주(哈尔滨啤酒 Hā'ěrbīn píjiǔ)도 있어요. 차가운 맥주를 마시고 싶을 때는 "要冰的。Yào bīng de."라고 말하는 것도 잊지 마세요.

아, 알려줘...!

중국어 ♥
너를 좀 더 알고 싶어!

⭐ 중국에서는 여름에도 맥주, 콜라, 물 등을 상온에 보관해 미지근하게 마셔요. 차가운 음료는 몸에 안 좋다는 인식이 강하기 때문인데, 여행 중 병이나 캔에 든 음료를 주문할 때 "要冰的。Yào bīng de."라고 말해야 냉장 보관한 것을 주니까 꼭 기억하세요.

⭐ 한국에 있는 패스트푸드 체인점은 대부분 중국에도 있어요. 특이하게도 KFC와 맥도날드에서는 중국인이 즐겨 먹는 죽(粥 zhōu), 덮밥(盖饭 gàifàn), 국수(面条 miàntiáo)를 판매하기도 해요.

KFC	맥도날드	버거킹	서브웨이
肯德基	麦当劳	汉堡王	赛百味
Kěndéjī	Màidāngláo	Hànbǎowáng	Sàibǎiwèi

✭ 우리에게도 익숙한 커피전문점 스타벅스는 중국에서 싱바커(星巴克 Xīngbākè)라는 이름으로 불려요. 스타벅스는 중국에서도 큰 인기를 누리고 있답니다. 중국은 예로부터 차를 즐겨 마셨는데 지금은 젊은 층을 중심으로 커피 문화가 빠르게 확산되어 커피에 대한 수요가 점차 늘고 있어요.

✭ 중국 음식 중 입안이 얼얼할 정도의 매운 맛을 뜻하는 마라(麻辣 málà)맛의 음식이 우리나라 사람들 입맛에 잘 맞아 한국에서도 인기가 많지요.

마라탕(麻辣烫 málàtàng) 가게에서 마라탕을 주문할 때 매운 맛의 정도를 조절할 수 있어요. 속이 쓰라릴 정도의 매운 맛이 아닌 약간만 매콤하길 원한다면 "微辣。Wēi là."라고 꼭 말하세요!

맑은 국물 (안 매움)		약간 매움		보통 매움		아주 매움
清汤 qīngtāng	>	微辣 wēi là	>	中辣 zhōng là	>	特辣 tè là

상하이에는
디즈니랜드가 있대! >_>

가을에는 만리장성에 가 볼까? *_*

3대 석굴 중 하나인 룽먼석굴!
#웅장함

리장고성도 꼭 가 보고 싶은
장소 중 하나야~

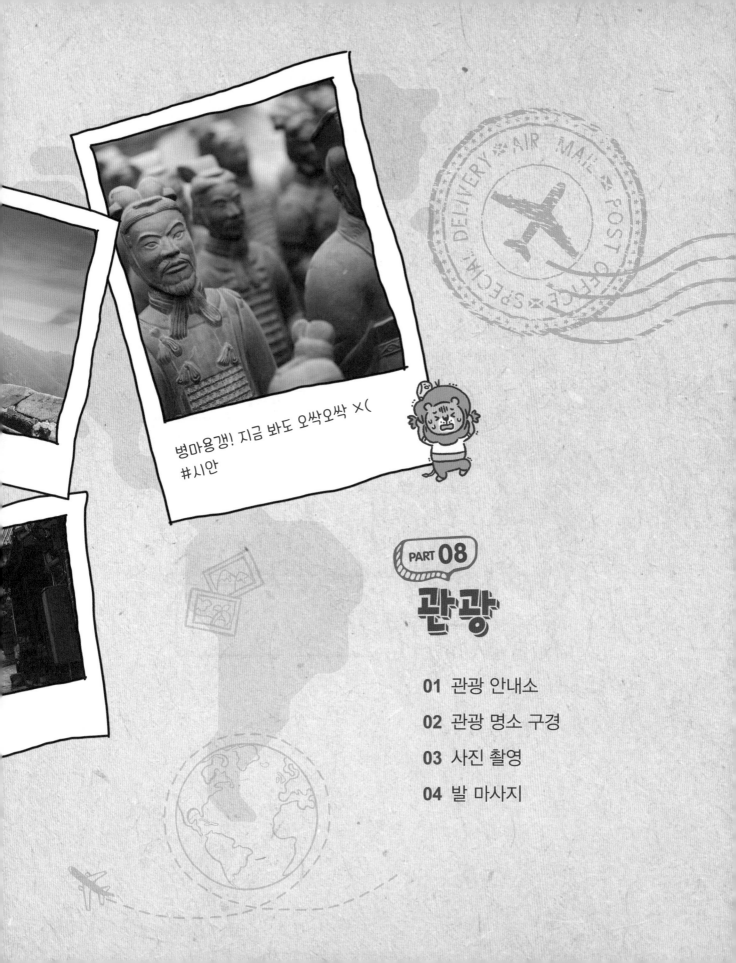

병마용갱! 지금 봐도 오싹오싹 X(
#시안

PART 08
관광

 관광 안내소

▶ mp3 08-01

걸어가면 얼마나 걸리나요?

走着去需要多长时间?
Zǒuzhe qù xūyào duō cháng shíjiān?

走着去一个小时，坐出租车15分钟。
Zǒuzhe qù yí ge xiǎoshí, zuò chūzūchē shíwǔ fēnzhōng.

걸어가면 얼마나 걸리나요?

걸어가면 1시간, 택시 타면 15분입니다.

＊ 走着去 zǒuzhe qù 걸어가다
＊ 小时 xiǎoshí 시간
＊ 分钟 fēnzhōng 분

실전 연습

세 번씩 따라 말해 보세요.

관광 안내소는 어디에 있나요?

 mp3 08-02 ✔ 2 3

旅游服务中心在哪儿?

Lǚyóu fúwù zhōngxīn zài nǎr?

- 入口 rùkǒu 입구
- 出口 chūkǒu 출구
- 电梯 diàntī 엘레베이터

服务中心 fúwù zhōngxīn
서비스 센터, 안내 센터

가 볼 만한 곳을 추천 좀 해 주세요.

mp3 08-03 1 2 3

推荐一下好玩儿的地方。

Tuījiàn yíxià hǎowánr de dìfang.

- 餐厅 cāntīng 음식점, 레스토랑
- 酒吧 jiǔbā 술집
- 酒店 jiǔdiàn 호텔

好玩儿 hǎowánr 놀기 좋다
地方 dìfang 곳, 장소

걸어가면 얼마나 걸리나요?

mp3 08-04 1 2 3

走着去需要多长时间?

Zǒuzhe qù xūyào duō cháng shíjiān?

- 坐出租车 zuò chūzūchē 택시를 타다
- 往返 wǎngfǎn 왕복

확인 문제

01 단어에 해당하는 뜻을 오른쪽 보기에서 찾아 연결해 보세요.

① 旅游服务中心 •

② 好玩儿 •

③ 走着去 •

• ⓐ 걸어가다

• ⓑ 왕복

• ⓒ 놀기 좋다

• ⓓ 관광 안내소

02 문장을 읽고 빈칸에 들어갈 가장 알맞은 단어를 찾아 써 보세요.

보기   中心   走着   好玩儿

① 旅游服务 ⬚ 在哪儿?

관광 안내소가 어디에 있나요?

② 推荐一下 ⬚ 的地方。

가 볼 만한 곳을 추천 좀 해 주세요.

③ ⬚ 去需要多长时间?

걸어가면 얼마나 걸리나요?

03 다음 문장을 중국어로 말해 보세요.

☐ 출구가 어디에 있나요?

☐ 식당을 좀 추천해 주세요.

☐ 왕복으로 얼마나 걸리나요?

중국어로
술~술~
나올 때까지
연습 또 연습!

好 + 동사 ~하기 좋다
hǎo

몇몇 동사들은 好 hǎo와 함께 쓰여서 '~하기 좋다'라는 뜻을 나타내요.

好看 hǎokàn 보기 좋다, 아름답다

好听 hǎotīng 듣기 좋다

好吃 hǎochī 음식이 맛있다

好喝 hǎohē 음료가 맛있다

好玩儿 hǎowánr 놀기 좋다, 재밌다

예 推荐一下好玩儿的地方。

　　Tuījiàn yíxià hǎowánr de dìfang.

　　가 볼 만한 곳을 추천해 주세요.

예 这个菜好吃吗？

　　Zhège cài hǎochī ma?

　　이 음식 맛있나요?

一日游 yíriyóu 당일치기 여행

중국에 가면 시내 곳곳에서 관광 안내소를 찾아볼 수 있어요. 안내소에서는 여행객들을 위해 다양한
서비스를 제공하고, 현지 관광상품도 판매한답니다. 씨트립(ctrip) 같은 여행 어플로 1일 여행(一日游
yíriyóu) 또는 2일 여행(两日游 liǎngriyóu) 상품을 예약할 수 있고, 관광버스만 이용할 수 있는 상품도
있어서 원하는 곳을 저렴한 비용으로 다녀올 수 있답니다.

관광 명소 구경

▶ mp3 08-05

입장료가 얼마예요?

门票多少钱?
Ménpiào duōshao qián?

大人150块。
Dàrén yìbǎiwǔshí kuài.

我要两张。
Wǒ yào liǎng zhāng.

입장료가 얼마예요?

어른은 150위안입니다.

2장 주세요.

＊门票 ménpiào 입장료, 입장권
＊大人 dàrén 어른, 성인

실전 연습

세 번씩 따라 말해 보세요.

mp3 08-06 ☑ 2 3

입장료가 얼마예요?

门票多少钱?
Ménpiào duōshao qián?

🔄 要不要买门票? 입장권을 사야 하나요?
Yào bu yào mǎi ménpiào?

mp3 08-07 1 2 3

학생은 할인되나요?

优惠 yōuhuì 할인, 우대
打折 dǎzhé 할인하다

学生可以优惠吗?
Xuésheng kěyǐ yōuhuì ma?

🔄 打折 dǎzhé 할인하다
便宜点儿 piányi diǎnr 더 싸게

mp3 08-08 1 2 3

몇 시까지 열어요?

最晚 zuì wǎn 늦어도
开 kāi 열다
到 dào ~까지

最晚开到几点?
Zuì wǎn kāidào jǐ diǎn?

🔄 几点关门? 몇 시에 문을 닫나요?
Jǐ diǎn guānmén?

확인 문제

01 단어에 해당하는 뜻을 오른쪽 보기에서 찾아 연결해 보세요.

① 门票 •

② 优惠 •

③ 开 •

• ⓐ 할인

• ⓑ 입장료, 입장권

• ⓒ 몇 시

• ⓓ 열다

02 문장을 읽고 빈칸에 들어갈 가장 알맞은 단어를 찾아 써 보세요.

보기   优惠   到   门票

① ☐☐☐☐ 多少钱?

입장료가 얼마예요?

② 学生可以 ☐☐☐☐ 吗?

학생은 할인되나요?

③ 最晚开 ☐☐☐☐ 几点?

몇 시까지 열어요?

03 다음 문장을 중국어로 말해 보세요.

☐ 입장권을 사야 하나요?

☐ 학생은 할인되나요?

☐ 몇 시까지 열어요?

중국어로
술~술~
나올 때까지
연습 또 연습!

最晩 + 동사 + 到几点? 몇 시까지 ~하나요?
zuì wǎn   dào jǐ diǎn

'몇 시까지 ~하나요?'라고 물어볼 때 사용할 수 있는 패턴문형으로, 중국인들이 자주 사용하는 표현 중 하나예요. 여기서 最晩 zuì wǎn은 '늦어도'라는 의미를 가지고 있어요.

(예) 最晩开到几点?
Zuì wǎn kāidào jǐ diǎn?
몇 시까지 열어요?

(예) 最晩营业到几点?
Zuì wǎn yíngyèdào jǐ diǎn?
몇 시까지 영업하나요?

"学生可以优惠吗? Xuésheng kěyǐ yōuhuì ma?"

중국의 많은 관광지에서는 학생증을 제시하면 할인을 해주는데, 보통 50%까지 할인되어 半价 (bànjià), 즉 반값으로 표를 구입할 수 있는 경우가 많아요. 학생증이 없더라도 여권을 제시하면 학생 할인을 받을 수 있고, 경로 우대 할인을 받을 수 있는 관광지도 많이 있으니 여권을 꼭 챙겨 가세요. 학생 할인이 가능한지 물어볼 때는 "学生可以优惠吗? Xuésheng kěyǐ yōuhuì ma?"라고 말하면 된답니다.

 사진 촬영

사진 한 장 찍어 주시겠어요?

可以帮我们拍张照吗?
Kěyǐ bāng wǒmen pāi zhāng zhào ma?

好的，1、2、3，茄子!
Hǎo de, yī、èr、sān, qiézi!

再拍一张，可以吗?
Zài pāi yì zhāng, kěyǐ ma?

🐻 저희 사진 한 장 찍어 주시겠어요?

👦 네, 하나, 둘, 셋, 치즈!

🐰 한 장 더 찍어 주시겠어요?

* 帮 bāng 돕다
* 拍张照 pāi zhāng zhào
  사진을 한 장 찍다
* 茄子 qiézi 가지
  한국에서는 사진을 찍을 때
  '김치', '치즈'라고 외치는데
  중국은 '치에즈'라고 외친다.

실전 연습

세 번씩 따라 말해 보세요.

여기서 사진 찍어도 되나요?　　　　　　　▶ mp3 08-10　

这儿可以拍照吗?

Zhèr kěyǐ pāizhào ma?

　🔁 吸烟 xīyān 담배를 피우다, 흡연하다
　　吃东西 chī dōngxi 음식을 먹다
　　游泳 yóuyǒng 수영하다

➕ 这儿可以 ➕ 동사 ➕ 吗?
: 여기서 ~해도 되나요?

拍照 pāizhào 사진을 찍다

➕ 吃东西 chī dōngxi 음식을 먹다
: 东西는 물건이라는 뜻이기도 한데, 吃와 쓰이면 '음식을 먹다'라는 뜻이 된다.

저희 사진 한 장 찍어 주시겠어요?　　　　　▶ mp3 08-11　1 2 3

可以帮我们拍张照吗?

Kěyǐ bāng wǒmen pāi zhāng zhào ma?

　🔁 照张相 zhào zhāng xiàng
　　사진을 한 장 찍다

➕ 可以帮我们 ➕ 동사 ➕ 吗?
: ~하는 것 좀 도와 주실래요?

帮 bāng 돕다
照相 zhàoxiàng 사진을 찍다

제가 사진 찍어 드릴까요?　　　　　　　　▶ mp3 08-12　1 2 3

需要我帮你们拍张照吗?

Xūyào wǒ bāng nǐmen pāi zhāng zhào ma?

　🔁 照张相 zhào zhāng xiàng
　　사진을 한 장 찍다

➕ 需要…吗?
: ~가 필요한가요?

확인 문제

01 단어에 해당하는 뜻을 오른쪽 보기에서 찾아 연결해 보세요.

① 拍照 •
② 帮 •
③ 需要 •

• ⓐ 필요하다
• ⓑ 담배를 피우다
• ⓒ 돕다
• ⓓ 사진을 찍다

02 문장을 읽고 빈칸에 들어갈 가장 알맞은 단어를 찾아 써 보세요.

보기　　帮　　东西　　需要

① 这儿可以吃 ☐ 吗?

여기서 음식을 먹어도 되나요?

② 可以 ☐ 我们拍张照吗?

저희 사진 한 장 찍어 주시겠어요?

③ ☐ 我帮你们拍张照吗?

제가 사진 찍어 드릴까요?

03 다음 문장을 중국어로 말해 보세요.

☐ 여기서 담배를 피워도 되나요?

☐ 여기서 음식을 먹어도 되나요?

☐ 제가 사진 찍어 드릴까요?

중국어로
술~술~
나올 때까지
연습 또 연습!

可以帮我 + 동작 + 吗?
kěyǐ bāng wǒ　　　　　　ma?

① 제 대신 ~하는 것 좀 도와 주실래요?
② ~해 주시겠어요?

帮 bāng은 '돕다'라는 뜻이죠. 정중하고 부드러운 어감으로 도움을 청할 때 사용할 수 있는 패턴문형이에요.

예 可以帮我们照张相吗?
　　Kěyǐ bāng wǒmen zhào zhāng xiàng ma?
　　저희 사진 좀 찍어 주시겠어요?

예 可以帮我拿一下吗?
　　Kěyǐ bāng wǒ ná yíxià ma?
　　잠깐만 들어 주시겠어요?

"和背景一起照。Hé bèijǐng yìqǐ zhào."

관광지에서 사진을 찍어 달라고 부탁할 때, 보통 여행지의 멋진 경관이나 건축물이 함께 나오게 찍어 달라고 말하고 싶겠죠? 중국어로 이렇게 말해 보세요. "和背景一起照。Hé bèijǐng yìqǐ zhào." 背景 bèijǐng은 '배경'을, 一起 yìqǐ는 '함께'를 뜻합니다.

발 마사지

mp3 08-13

이 정도 세기가 괜찮으세요?

这个力度可以吗?
Zhège lìdù kěyǐ ma?

 再重一点。
Zài zhòng yìdiǎn.

 이 정도 세기가 괜찮으세요?

좀 더 세게 해 주세요.

＊ 力度 lìdù 세기
＊ 重 zhòng (정도가) 심하다

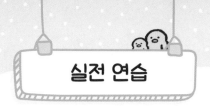

실전 연습

 세 번씩 따라 말해 보세요.

발 마사지를 받고 싶어요. ▶ mp3 08-14 ✓ 2 3

我想做足疗。

Wǒ xiǎng zuò zúliáo.

🔁 全身 quánshēn 전신 마사지
肩颈 jiānjǐng 목과 어깨 마사지

➕ 마사지는 중국어로 按摩 ànmó, 발 마사지는 足疗 zúliáo, 전신 마사지는 全身 quánshēn이라고 말한다.

좀 더 세게 해 주세요. ▶ mp3 08-15 1 2 3

再重一点。

Zài zhòng yìdiǎn.

🔁 轻 qīng 약하게
往后 wǎng hòu (사진 찍을 때) 뒤로 가다
往前 wǎng qián (사진 찍을 때) 앞으로 나오다

往 wǎng ～쪽으로

좀 아프네요. ▶ mp3 08-16 1 2 3

有点儿疼。

Yǒudiǎnr téng.

🔁 烫 tàng (지나치게) 뜨겁다, 데다
热 rè 덥다
冷 lěng 춥다

➕ 有点儿 ➕ 형용사
: (불만스러울 때) 좀 ～하다

01 단어에 해당하는 뜻을 오른쪽 보기에서 찾아 연결해 보세요.

① 足疗 •

② 力度 •

③ 疼 •

• ⓐ 세기

• ⓑ 좀

• ⓒ 아프다

• ⓓ 발 마사지

02 문장을 읽고 빈칸에 들어갈 가장 알맞은 단어를 찾아 써 보세요.

보기   重   做   疼

① 我想 [   ] 足疗。

발 마사지를 받고 싶어요.

② 再 [   ] 一点。

좀 더 세게 해 주세요.

③ 有点儿 [   ]。

좀 아프네요.

03 다음 문장을 중국어로 말해 보세요.

☐ 전신 마사지를 받고 싶어요.

☐ 좀 더 약하게 해 주세요.

☐ 좀 뜨겁네요.

중국어로
술~술~
나올 때까지
연습 또 연습!

有点儿 + 형용사 좀 ~하네요.
yǒudiǎnr

有点儿 yǒudiǎnr은 '조금, 약간'이라는 뜻으로, '좀 크네요', '좀 덥네요', '좀 비싸네요'와 같이 자신이 생각하기에 어떤 점이 만족스럽지 않을 때 사용할 수 있는 패턴 문형이에요.

예 有点儿疼，再轻一点。

　　Yǒudiǎnr téng, zài qīng yìdiǎn.

　　좀 아프네요, 좀 더 약하게 해 주세요.

예 有点儿热，开一下空调吧。

　　Yǒudiǎnr rè, kāi yíxià kōngtiáo ba.

　　좀 덥네요, 에어컨을 좀 켜 주세요.

"有点儿烫。Yǒudiǎnr tàng."

중국의 마사지샵에서는 보통 발 마사지(足疗 zúliáo)와 전신 마사지(全身 quánshēn)를 받을 수 있어요. 둘 다 족욕으로 시작하는데, 족욕물이 뜨겁다고 느끼면 참지 말고 꼭 "有点儿烫。Yǒudiǎnr tàng."이라고 말해야 해요. 그러면 찬물을 조금 섞어서 적당한 온도로 맞춰 줘요.

규모가 큰 마사지샵에 가면 한쪽 벽면에 안마사들의 사진과 번호가 붙어 있어 있는 것을 볼 수 있어요. 마사지를 받은 후 안마사가 마음에 들었다면, 해당 안마사의 번호를 잘 기억해 두세요. 번호만 알고 있어도 샵을 다시 방문했을 때 동일한 안마사에게 마사지를 받을 수 있답니다.

아, 알려줘...!

⭐ 목적지가 지금 위치에서 얼마나 먼지 확인하고 싶다면 이렇게 질문해 보세요.

离这儿远吗? (여기서 먼가요?)
Lí zhèr yuǎn ma?

⭐ 관광 명소의 매표소에 걸려 있는 가격표를 보면 성인, 학생, 노인과 같이 연령대별로 가격이 나뉘어져 있을 뿐만 아니라, 성수기와 비수기의 가격이 따로 표시되어 있기도 해요. 성수기는 旺季 wàngjì, 비수기는 淡季 dànjì라고 해요.

⭐ 사진을 찍는다는 표현으로는 '拍照(pāizhào)'와 '照相(zhàoxiàng)'이 있어요. 张(zhāng)은 종이를 세는 양사인데, '사진 한 장을 찍는다'라는 의미로 张(zhāng)을 붙여서 말하기도 해요.

拍照 = 拍张照
pāizhào = pāi zhāng zhào

照相 = 照张相
zhàoxiàng = zhào zhāng xiàng

☆ 중국 마사지샵은 보통 남자 손님에게는 여자 안마사를, 여자 손님에게는 남자 안마사를 배정해 줘요. 만약 안마사를 지정하고 싶다면 미리 요청해 보세요.

我想要女技师。 (여자 안마사로 해 주세요.)
Wǒ xiǎng yào nǚ jìshī.

我想要男技师。 (남자 안마사로 해 주세요.)
Wǒ xiǎng yào nán jìshī.

종류별로 다 쓸어 담아야
제맛이지~ ♬

어쩌지 ㅠㅠ
사고 싶은 게 너무 많아!

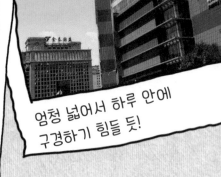

기념품으로 사기에 좋은 거 같아!

엄청 넓어서 하루 안에
구경하기 힘들 듯!

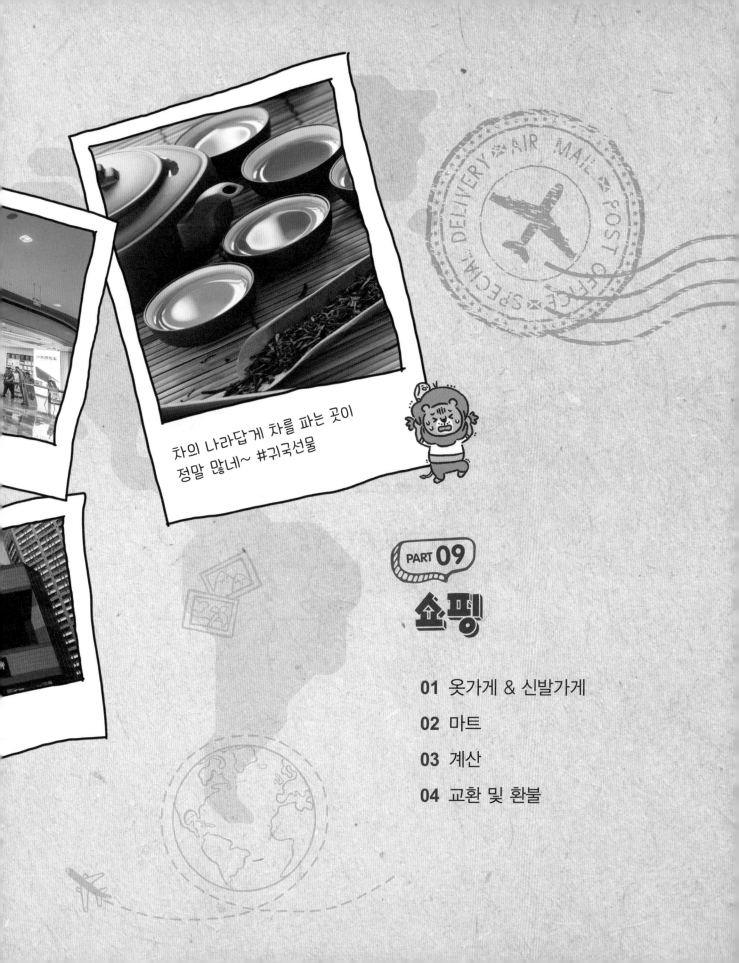

차의 나라답게 차를 파는 곳이
정말 많네~ #귀국선물

PART 09

쇼핑

🐱 옷가게 & 신발가게　　　　　　　　▶ mp3 09-01

입어 봐도 돼요?

可以试试吗?
Kěyǐ shìshi ma?

可以，试衣间在那儿。
Kěyǐ, shìyījiān zài nàr.

🐰 입어 봐도 돼요?

👩 됩니다, 탈의실은 저쪽에 있어요.

＊ 试试 shìshi 한번 ～해 보다
＊ 试衣间 shìyījiān 탈의실

실전 연습

세 번씩 따라 말해 보세요.

(옷) 입어 봐도 돼요? / (신발) 신어 봐도 돼요?　　▶ mp3 09-02 ☑ 2 3

可以试试吗?

Kěyǐ shìshi ma?

🔄 **可以尝尝吗?** Kěyǐ chángchang ma?
맛 좀 봐도 돼요?

可以看看吗? Kěyǐ kànkan ma?
한번 좀 봐도 돼요?

➕ 동사를 두 번 연속해서 말하면 '한 번 ~해 보다'라는 의미이다.
试试 shìshi
尝尝 chángchang
看看 kànkan
두 번째 음절은 경성으로 발음한다.

M사이즈로 주세요.　　▶ mp3 09-03 1 2 3

我要中号的。

Wǒ yào zhōng hào de.

🔄 **小号** xiǎo hào S사이즈
大号 dà hào L사이즈
39号 sānshíjiǔ hào 39호(=245mm)

➕ 신발 사이즈
36号 sānshíliù hào = 230mm
37号 sānshíqī hào = 235mm
38号 sānshíbā hào = 240mm

너무 작아요.　　▶ mp3 09-04 1 2 3

太小了。

Tài xiǎo le.

🔄 **大** dà 크다
长 cháng 길다
高 gāo (신발 굽 높이가) 높다

➕ 太 ➕ 형용사 ➕ 了
: 너무 ~하다

➕ 短 duǎn 짧다
低 dī 낮다
正好 zhènghǎo 딱 맞다

01 단어에 해당하는 뜻을 오른쪽 보기에서 찾아 연결해 보세요.

① 试衣间 •

② 中号 •

③ 小 •

• ⓐ 작다

• ⓑ 탈의실

• ⓒ 너무

• ⓓ M사이즈

02 문장을 읽고 빈칸에 들어갈 가장 알맞은 단어를 찾아 써 보세요.

보기   大   试试   号

① 可以 ☐ 吗?

입어 봐도 돼요?

② 我要中 ☐ 的。

M사이즈로 주세요.

③ 太 ☐ 了。

너무 커요.

03 다음 문장을 중국어로 말해 보세요.

☐ 한번 좀 봐도 돼요?

☐ 38호로 주세요.

☐ 너무 커요.

중국어로
술~술~
나올 때까지
연습 또 연습!

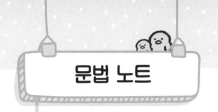

문법 노트

太 + 형용사 + 了。 너무 ~해요.
tài   le

太 tài는 '너무' 라는 뜻으로 문장 끝에 了 le를 붙여 '너무 커요', '너무 비싸요', '너무 더워요'와 같은 표현을 할 수 있어요.

예 太大了，给我小一点儿的吧。

Tài dà le, gěi wǒ xiǎo yìdiǎnr de ba.

너무 커요, 좀 더 작은 걸로 주세요.

예 太贵了，便宜点儿吧。

Tài guì le, piányi diǎnr ba.

너무 비싸요, 좀 깎아 주세요.

三里屯 Sānlǐtún 싼리툰 & 新天地 Xīntiāndì 신천지

대도시의 쇼핑 핫플레이스를 소개하자면, 베이징에는 왕푸징(王府井 Wángfǔjǐng)과 싼리툰(三里屯 Sānlǐtún)이 있고, 상하이에는 난징루(南京路 Nánjīnglù)와 신천지(新天地 Xīntiāndì)가 있어요. 이곳들은 서울의 명동, 홍대입구, 이태원역, 강남역과 같은 트렌디한 느낌이 나는 쇼핑 명소로 백화점과 상점들이 모여 있어서 쇼핑하기에 편리해요. 특히 싼리툰과 신천지는 서구적이면서도 모던한 분위기의 카페와 바(bar)가 많은 곳이기도 해요.

 마트

어떤 게 더 달아요?

 哪一种更甜?
Nǎ yì zhǒng gèng tián?

这种更甜。
Zhè zhǒng gèng tián.

어떤 게 더 달아요?

이게 더 달아요.

＊ 哪一种 nǎ yì zhǒng 어떤 종류, 어떤 것
＊ 这种 zhè zhǒng 이런 종류, 이런 것
＊ 更 gèng 더, 더욱
＊ 甜 tián 달다

실전 연습

세 번씩 따라 말해 보세요.

카트는 어디에 있어요?　　　　　　　　　　　▶ mp3 09-06 ✔ 2 3

手推车在哪儿?

Shǒutuīchē zài nǎr?

🔁 **水果** shuǐguǒ 과일
　收银台 shōuyíntái 계산대, 카운터
　出口 chūkǒu 출구

手推车 shǒutuīchē
카트, 손수레

어떤 게 더 달아요?　　　　　　　　　　　▶ mp3 09-07 1 2 3

哪一种更甜?

Nǎ yì zhǒng gèng tián?

🔁 **好吃** hǎochī 맛있다
　新鲜 xīnxiān 신선하다, 싱싱하다

➕ 哪一种更 ➕ 형용사?
: 어떤 것이 더 ~해요?

이거 어떻게 팔아요?　　　　　　　　　　　▶ mp3 09-08 1 2 3

这个怎么卖?

Zhège zěnme mài?

🔁 **这个多少钱?** Zhège duōshao qián?
　이거 얼마예요?

　一斤多少钱? Yì jīn duōshao qián?
　한 근에 얼마예요?

卖 mài 팔다
一斤 yì jīn 한 근(=500g)

01 단어에 해당하는 뜻을 오른쪽 보기에서 찾아 연결해 보세요.

① 手推车　·

② 更　·

③ 卖　·

· ⓐ 달다

· ⓑ 팔다

· ⓒ 카트, 손수레

· ⓓ 더욱

02 문장을 읽고 빈칸에 들어갈 가장 알맞은 단어를 찾아 써 보세요.

> 보기　　手推车　　怎么　　更

① [　　　　] 在哪儿?

　카트는 어디에 있어요?

② 哪一种 [　　　　] 甜?

　어떤 게 더 달아요?

③ 这个 [　　　　] 卖?

　이거 어떻게 팔아요?

03 다음 문장을 중국어로 말해 보세요.

☐ 계산대는 어디에 있어요?

☐ 어떤 게 더 맛있어요?

☐ 이거 어떻게 팔아요?

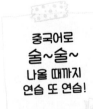

중국어로
술~술~
나올 때까지
연습 또 연습!

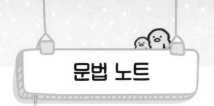

문법 노트

更 + 형용사 더 ~해요.
gèng

更 gèng은 '더, 더욱, 훨씬'이라는 뜻으로 다른 것과 비교해서 '더 달아요', '더 맛있어요', '훨씬 싸요'라고 말할 수 있는 패턴문형이에요.

㉠ 哪一种更好吃?
　Nǎ yì zhǒng gèng hǎochī?
　어떤 게 더 맛있어요?

㉠ 这种更好吃。
　Zhè zhǒng gèng hǎochī.
　이게 더 맛있어요.

▶ 허마 로고

盒马鲜生 Hémǎxiānshēng 허마(HEMA)

혹시 '허마셴셩(盒马鲜生 Hémǎxiānshēng)'이라는 곳을 들어보셨나요? 허마셴셩은 2015년에 창립되어 중국 알리바바가 운영하고 있는 신선식품 유통 회사예요. 센스 넘치는 네이밍으로도 유명한 허마셴셩은 동물 하마를 뜻하는 河马(hémǎ)와 남성을 높여 부르는 말인 先生(xiānsheng)의 발음을 따온 것으로, '신선한 하마씨'라는 의미를 갖고 있어요. 그래서 대표 캐릭터도 하마랍니다. 중국에서도 온라인 장보기가 보편화되면서 허마셴셩 어플을 이용해 신선식품을 구매하는 사람들이 늘어나고 있어요. 특히 오프라인 매장에서 3킬로미터 이내의 거리는 30분 내로 총알 배송을 해 주는 것으로 유명하고, 할인 이벤트도 많아서 이용자가 많아요. 오프라인 매장에서는 직접 고른 신선한 재료로 만든 요리를 맛볼 수도 있어요. 다만 조리 비용을 따로 지불해야 하고, 결제 역시 알리페이(支付宝 Zhīfùbǎo)로만 가능하기 때문에 알리페이를 사용하지 않는 여행자는 이용하기 힘들어요. 만약 여행 도중 중국 친구를 사귀게 되면 함께 방문해서 체험해 볼 수도 있겠지요?

계산

좀 싸게 해 주세요.

▶ mp3 09-09

一个多少钱?
Yí ge duōshao qián?

太贵了，便宜点儿吧。
Tài guì le, piányi diǎnr ba.

50块。
Wǔshí kuài.

하나에 얼마예요?

50위안이에요.

너무 비싼데, 좀 싸게 해 주세요.

＊ 贵 guì 비싸다
＊ 便宜 piányi 싸다

실전 연습

세 번씩 따라 말해 보세요.

하나에 얼마예요? ▶ mp3 09-10

一个多少钱?

Yí ge duōshao qián?

这个怎么卖? Zhège zěnme mài?
이거 어떻게 팔아요?

一套多少钱? Yí tào duōshao qián?
한 세트에 얼마예요?

너무 비싼데, 좀 싸게 해 주세요. ▶ mp3 09-11 1 2 3

太贵了，便宜点儿吧。

Tài guì le, piányi diǎnr ba.

30块怎么样? sānshí kuài zěnmeyàng?
30위안 어때요?

最低多少钱? zuì dī duōshao qián?
최저가가 얼마예요?

最低 zuì dī 최저

➕ 가격 흥정이 가능한 곳에서는 원하는 가격을 직접 제시해 볼 수도 있고, 얼마까지 깎아줄 수 있는지는 최저가가 얼마인지 물어보면 된다.

지금 20% 할인 중입니다. ▶ mp3 09-12 1 2 3

现在打8折。

Xiànzài dǎ bā zhé.

打5折 dǎ wǔ zhé 50% 할인
买一赠一 mǎi yī zèng yī 원 플러스 원
满300减30 mǎn sānbǎi jiǎn sānshí
300위안마다 30위안 할인

现在 xiànzài 지금
打折 dǎzhé 할인하다
赠 zèng 증정하다
满 mǎn 꽉 채우다, 일정한
한도에 이르다
减 jiǎn 빼다, 덜다

확인 문제

01 단어에 해당하는 뜻을 오른쪽 보기에서 찾아 연결해 보세요.

① 多少钱? •

② 便宜 •

③ 打6折 •

• ⓐ 40% 할인

• ⓑ 얼마예요?

• ⓒ 값이 비싸다

• ⓓ 값이 싸다

02 문장을 읽고 빈칸에 들어갈 가장 알맞은 단어를 찾아 써 보세요.

보기   打   点儿   多少

① 一个 ⬚ 钱?

하나에 얼마예요?

② 太贵了, 便宜 ⬚ 吧。

너무 비싼데, 좀 싸게 해 주세요.

③ 现在 ⬚ 8折。

지금 20% 할인 중입니다.

03 다음 문장을 중국어로 말해 보세요.

☐ 이거 어떻게 팔아요?

☐ 너무 비싼데, 30위안 어때요?

☐ 지금 원 플러스 원이에요.

중국어로
술~술~
나올 때까지
연습 또 연습!

打 + 숫자 + 折 몇 퍼센트 할인
dǎ   zhé

打折 dǎzhé는 '할인하다'라는 뜻으로 할인율은 '打 dǎ + 숫자 + 折 zhé'로 나타내요.
가령 打8折 dǎ bā zhé는 정가의 80% 가격을 받겠다는 것으로, 20% 할인을 뜻해요.

㉠ 现在打8折。
　　Xiànzài dǎ bā zhé.
　　지금 20% 할인 중입니다.

㉠ 现在这双鞋打5折。
　　Xiànzài zhè shuāng xié dǎ wǔ zhé.
　　지금 이 신발은 50% 할인 중입니다.

光棍节 Guānggùnjié 광군제

광군제(光棍节 Guānggùnjié)는 중국의 11월 11일을 가리키는 말로, 싱글들을 위한 날이에요. 숫자 '1'이 외롭게 서 있는 사람 같다고 해서 '1'이 4개가 있는 11월 11일을 광군제로 삼은 거죠. 광군제는 중국판 블랙프라이데이로도 불리는데, 2009년 중국의 대표적인 인터넷 쇼핑몰인 타오바오(淘宝 Táobǎo)에서 싱글들을 위한 대대적인 할인 행사를 시작하면서 중국 최대 쇼핑 데이로 자리잡게 되었어요. 온라인 쇼핑몰뿐만 아니라 오프라인 상점에서도 각종 할인 행사를 진행하니 광군제 기간에 중국에 여행을 가는 것도 좋은 선택이겠죠?

 교환 및 환불

▶ mp3 09-13

이거 환불하고 싶은데, 가능한가요?

这个我想退货，可以吗？
Zhège wǒ xiǎng tuìhuò, kěyǐ ma?

发票带了吗？
Fāpiào dài le ma?

 이거 환불하고 싶은데, 가능한가요?

영수증 가져오셨어요?

＊ 退货 tuìhuò 환불하다
＊ 发票 fāpiào 영수증
＊ 带 dài 가져오다, 챙겨오다

세 번씩 따라 말해 보세요.

이거 환불하고 싶은데, 가능한가요? ▶ mp3 09-14 ✔ 2 3

这个我想退货，可以吗?

Zhège wǒ xiǎng tuìhuò, kěyǐ ma?

 这是昨天买的，我想退货。
Zhè shì zuótiān mǎi de, wǒ xiǎng tuìhuò.
이거 어제 샀는데, 환불하고 싶어요.

한 사이즈 작은 걸로 바꾸고 싶은데, 가능한가요? ▶ mp3 09-15 1 2 3

我想换小一码的，可以吗?

Wǒ xiǎng huàn xiǎo yì mǎ de, kěyǐ ma?

小一码 한 사이즈 작다
xiǎo yì mǎ
大一码 한 사이즈 크다
dà yì mǎ

 大一码的 dà yì mǎ de 한 사이즈 큰 것
黑色的 hēisè de 검정색
新的 xīn de 새것

영수증 가져오셨어요? ▶ mp3 09-16 1 2 3

发票带了吗?

Fāpiào dài le ma?

 给我发票。Gěi wǒ fāpiào.
영수증 주세요.

01 단어에 해당하는 뜻을 오른쪽 보기에서 찾아 연결해 보세요.

① 退货　•

② 小一码的　•

③ 发票　•

• ⓐ 바꾸다

• ⓑ 환불하다

• ⓒ 영수증

• ⓓ 한 사이즈 작은 것

02 문장을 읽고 빈칸에 들어갈 가장 알맞은 단어를 찾아 써 보세요.

보기　　　退货　　带　　小

① 这个我想 ⬜⬜⬜ , 可以吗?

이거 환불하고 싶은데, 가능한가요?

② 我想换 ⬜⬜⬜ 一码的, 可以吗?

한 사이즈 작은 걸로 바꾸고 싶은데, 가능한가요?

③ 发票 ⬜⬜⬜ 了吗?

영수증 가져오셨어요?

03 다음 문장을 중국어로 말해 보세요.

⬜ 이거 어제 샀는데, 환불하고 싶어요.

⬜ 한 사이즈 큰 걸로 바꾸고 싶은데, 가능한가요?

⬜ 영수증 가져오셨어요?

중국어로
술~술~
나올 때까지
연습 또 연습!

我想 + 동작, 可以吗?　~하고 싶은데, 가능한가요?
wǒ xiǎng 　　　　kěyǐ ma?

말 끝에 可以吗? Kěyǐ ma?를 붙여서 물어보면 정중하게 허락을 구하는 표현이 돼요.

예 这个我想退货，可以吗?
Zhège wǒ xiǎng tuìhuò, kěyǐ ma?

이거 환불하고 싶은데, 가능한가요?

예 我想换小一码的，可以吗?
Wǒ xiǎng huàn xiǎo yì mǎ de, kěyǐ ma?

한 사이즈 작은 걸로 바꾸고 싶은데, 가능한가요?

중국의 전자제품 업체 샤오미(小米 Xiǎomǐ)는 이제는 우리에게도 익숙한 이름이 되었지요. 샤오미는 휴대 전화(手机 shǒujī), 보조배터리(充电宝 chōngdiànbǎo), 공기청정기(空气净化器 kōngqì jìnghuàqì), 로봇청소기(扫地机器人 sǎodì jīqìrén) 등 다양한 제품을 생산하고 있는데, 특히 신제품은 출시와 동시에 품귀 현상을 일으킬 정도로 높은 인기를 누리고 있어요. 만약 중국에서 전자제품을 구매한다면 대형마트나 백화점에서 사는 것이 환불, 교환, 수리에 있어서 비교적 안전해요. 또한 제품을 구매할 때 영수증과 A/S 보증서를 반드시 챙겨 두어야 한다는 것도 잊지 마세요!

★ 디자인이 마음에 든다면 원하는 색상이 있는지 물어보세요.

有没有…色的? (~색 있나요?)
Yǒu méiyǒu…sè de?

빨간색	주황색	노란색	초록색	파란색	보라색
红色	橙色	黄色	绿色	蓝色	紫色
hóngsè	chéngsè	huángsè	lǜsè	lánsè	zǐsè

분홍색	흰색	검은색	회색	베이지색	갈색
粉色	白色	黑色	灰色	米色	棕色
fěnsè	báisè	hēisè	huīsè	mǐsè	zōngsè

★ 중국의 대형 마트에서는 마치 재래시장에 간 것처럼 과일이나 고기를 살 때 판매원과 흥정하듯 대화하면서 물건을 고를 수 있어요. 가격을 물어볼 때는 '한 근에 얼마예요?'라고 묻거나 '어떻게 팔아요?'라고 물어봐요.

一斤多少钱? (한 근에 얼마지요?)
Yì jīn duōshao qián?

这个怎么卖? (이거 어떻게 팔아요?)
Zhège zěnme mài?

✱ 중국의 할인율 표기법은 한국과 달라요. 예를 들어 '20% 세일'은 중국에서 '打8折 dǎ bā zhé'라고 표시해요. 종종 같은 매장에서도 상품마다 할인율이 다를 수 있으니 그럴 때는 얼마나 할인하는지 물어보세요.

这个打几折? (이거 몇 퍼센트 할인이에요?)
Zhège dǎ jǐ zhé?

✱ 한국과 마찬가지로 중국에서도 환불이나 교환을 하려면 영수증이 필요하기 때문에 계산 시 꼭 영수증을 받아 두어야 해요.

我要开发票。 (영수증 끊어 주세요.)
Wǒ yào kāi fāpiào.

중국 친구를 사귀어 볼까?

중국의 국민메신저 '위챗' #미리_다운로드는_필수

현지인 친구와 함께 간
#현지인맛집

한국에 놀러 오면
내가 가이드해줄게!

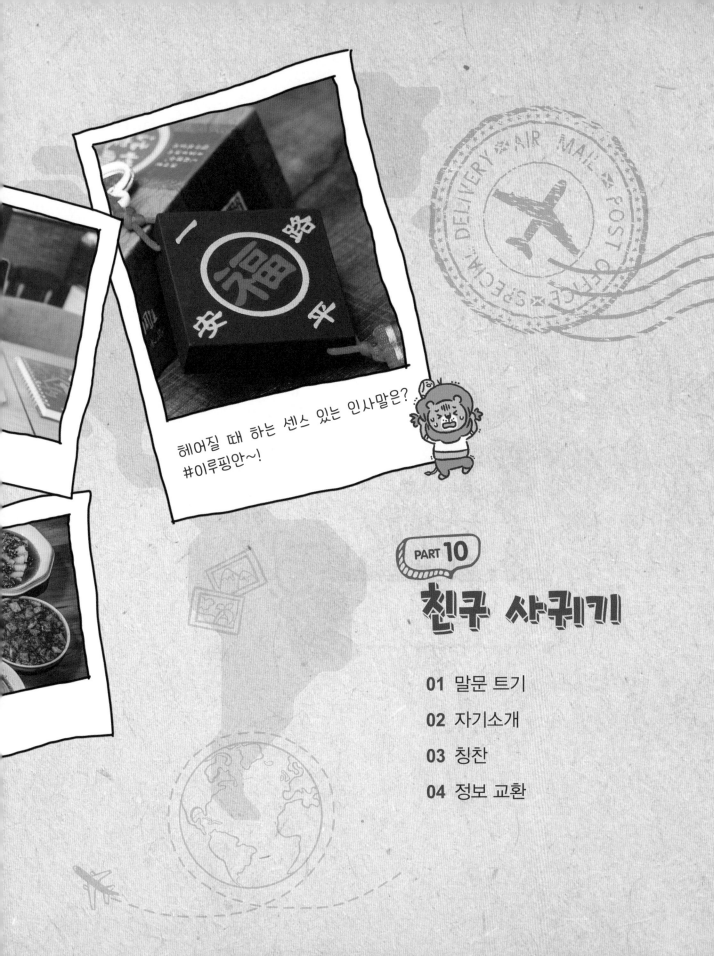

헤어질 때 하는 센스 있는 인사말은?
#이루핑안~!

말문 트기

▶ mp3 10-01

누구랑 같이 오셨어요?

你跟谁一起来的?
Nǐ gēn shéi yìqǐ lái de?

我跟朋友一起来的。
Wǒ gēn péngyou yìqǐ lái de.

누구랑 같이 오셨어요?

친구랑 같이 왔어요.

* 跟 A 一起 gēn A yìqǐ
A와 같이

실전 연습

세 번씩 따라 말해 보세요.

누구랑 같이 오셨어요? ▶ mp3 10-02 2 3

你跟谁一起来的?

Nǐ gēn shéi yìqǐ lái de?

🔄 你自己来的吗? Nǐ zìjǐ lái de ma?
혼자 오셨어요?

➕ 跟 ➕ A ➕ 一起
: A와 같이

自己 zìjǐ 혼자, 스스로

여기 와 보셨어요? ▶ mp3 10-03 1 2 3

你来过这儿吗?

Nǐ láiguo zhèr ma?

🔄 你第一次来吗? Nǐ dì yī cì lái ma?
처음 와 보세요?

➕ 동작 ➕ 过
: ~한 적 있다

어디 사람이세요? ▶ mp3 10-04 1 2 3

你是哪里人?

Nǐ shì nǎli rén?

🔄 你从哪儿来的? Nǐ cóng nǎr lái de?
어느 지역 출신이세요?

你是当地人吗? Nǐ shì dāngdì rén ma?
현지인이세요?

你是哪国人? Nǐ shì nǎ guó rén?
어느 나라 사람이에요?

哪里 nǎli 어디, 어느 곳
从 cóng ~로부터
哪儿 nǎr 어디, 어느 곳
当地人 dāngdì rén 현지인

➕ 중국인은 고향을 물어볼 때 '어디 사람'인지를 물어본다.

확인 문제

01 단어에 해당하는 뜻을 오른쪽 보기에서 찾아 연결해 보세요.

① 谁 •
② 来过 •
③ 哪里人 •

• ⓐ 온 적이 있다
• ⓑ 어디 사람
• ⓒ 누구
• ⓓ ～와

02 문장을 읽고 빈칸에 들어갈 가장 알맞은 단어를 찾아 써 보세요.

보기   过   哪里   跟

① 你 ⬜ 谁一起来的?

누구랑 같이 오셨어요?

② 你来 ⬜ 这儿吗?

여기 와 보셨어요?

③ 你是 ⬜ 人?

어디 사람이세요?

03 앞에서 배웠던 문장을 중국어로 말해 보세요.

⬜ 혼자 오셨어요?

⬜ 여기 와 보셨어요?

⬜ 현지인이세요?

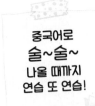

중국어로
술~술~
나올 때까지
연습 또 연습!

문법 노트

동작 + 过 ~해 본 적 있어요.
guo

동작 뒤에 过 guo를 함께 쓰면 '와 본 적 있어요', '가 본 적 있어요', '먹어 본 적 있어요'와 같이 과거의 경험에 대해 말하는 표현이 돼요. '~해 본 적 없어요'라고 말하고 싶다면 '동작 + 过 guo' 앞에 没 méi를 붙이면 돼요.

㉠ 我去年去过四川。

　Wǒ qùnián qùguo Sìchuān.

　저는 작년에 쓰촨에 가 봤어요.

㉠ 我没吃过火锅。

　Wǒ méi chīguo huǒguō.

　저는 훠궈를 못 먹어 봤어요.

"你属什么? Nǐ shǔ shénme?"

중국도 한국과 마찬가지로 태어난 해에 따라 띠를 구분하는 문화를 가지고 있어요. 중국에서 상대방의 띠를 물어볼 때는 属(shǔ)라는 단어만 기억하면 된답니다.

* 물어볼 때: 你属什么? Nǐ shǔ shénme?

* 대답할 때: 我属_____。Wǒ shǔ_____.

> 쥐띠(鼠 shǔ), 소띠(牛 niú), 호랑이띠(虎 hǔ), 토끼띠(兔 tù), 용띠(龙 lóng), 뱀띠(蛇 shé),
> 말띠(马 mǎ), 양띠(羊 yáng), 원숭이띠(猴 hóu), 닭띠(鸡 jī), 개띠(狗 gǒu), 돼지띠(猪 zhū)

자기소개

mp3 10-05

저는 김하나라고 해요.

 你叫什么名字?
Nǐ jiào shénme míngzi?

我叫金荷娜。很高兴认识你。
Wǒ jiào Jīn Hénà. Hěn gāoxìng rènshi nǐ.

 我也很高兴认识你。
Wǒ yě hěn gāoxìng rènshi nǐ.

이름이 뭐예요?

김하나라고 해요. 만나서 반가워요.

저도 만나서 반가워요.

* 叫 jiào 이름을 ~라고 부르다

* 高兴 gāoxìng 기쁘다

* 认识 rènshi (사람을) 알다

세 번씩 따라 말해 보세요.

저는 김하나라고 해요.   ▶ mp3 10-06 ✔

我叫金荷娜。

Wǒ jiào Jīn Hénà.

➜ 我叫 ➕ 이름
= 我的名字是 ➕ 이름
: 제 이름은 ～입니다.

🔄 我的名字是金荷娜。 Wǒ de míngzi shì Jīn Hénà.
제 이름은 김하나예요.

저는 35살이고, 회사원이에요.   ▶ mp3 10-07 1

我35岁，是公司职员。

Wǒ sānshíwǔ suì, shì gōngsī zhíyuán.

公司职员 gōngsī zhíyuán
회사원
大学生 dàxuéshēng 대학생
家庭主妇 jiātíng zhǔfù
가정주부
做生意 zuò shēngyi
사업하다

🔄 我23岁，是大学生。 23살이고, 대학생이에요.
Wǒ èrshísān suì, shì dàxuéshēng.

我42岁，是家庭主妇。 42살이고, 가정주부예요.
Wǒ sìshí'èr suì, shì jiātíng zhǔfù.

我50岁，属牛，是做生意的。 50살 소띠고, 사업가예요.
Wǒ wǔshí suì, shǔ niú, shì zuò shēngyi de.

저는 여행하는 걸 좋아해요.   ▶ mp3 10-08 1 2

我喜欢旅行。

Wǒ xǐhuan lǚxíng.

➜ 我喜欢 ➕ 동작
: ～하는 걸 좋아해요.

喜欢 xǐhuan 좋아하다

🔄 拍照 pāizhào 사진을 찍다
爬山 páshān 등산하다
吃中国菜 chī Zhōngguó cài 중국음식을 먹다

확인 문제

01 단어에 해당하는 뜻을 오른쪽 보기에서 찾아 연결해 보세요.

① 名字 •

② 三十岁 •

③ 喜欢 •

• ⓐ 서른 살

• ⓑ 소띠

• ⓒ 이름

• ⓓ 좋아하다

02 문장을 읽고 빈칸에 들어갈 가장 알맞은 단어를 찾아 써 보세요.

> 보기   喜欢   叫   岁

① 我 ☐ 金荷娜。

저는 김하나라고 해요.

② 我35 ☐ ，是公司职员。

저는 35살이고, 회사원이에요.

③ 我 ☐ 拍照。

저는 사진 찍는 걸 좋아해요.

03 앞에서 배웠던 문장을 중국어로 말해 보세요.

☐ 제 이름은 김하나예요.

☐ 저는 42살이고, 가정주부예요.

☐ 저는 사진 찍는 걸 좋아해요.

중국어로
술~술~
나올 때까지
연습 또 연습!

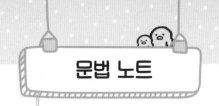

문법 노트

喜欢 + 동작 ~하는 걸 좋아해요.
xǐhuan

喜欢 xǐhuan은 '좋아하다'라는 뜻으로 뒤에 동작이 오면 '~하는 걸 좋아해요'라는 의미로 쓰여요. 반대로 좋아하지 않는다고 말할 때는 不喜欢 bù xǐhuan이라고 하면 돼요.

(예) 我喜欢吃火锅。

Wǒ xǐhuan chī huǒguō.

저는 훠궈(먹는 것을)를 좋아해요.

(예) 我不喜欢喝咖啡。

Wǒ bù xǐhuan hē kāfēi.

저는 커피(마시는 것을)를 좋아하지 않아요.

"我喜欢爬山。 Wǒ xǐhuan páshān."

중국의 남방에 있는 도시인 쑤저우(苏州 Sūzhōu)에는 황산(黄山 Huángshān)이라는 멋진 절경을 자랑하는 산이 있어요. 중국인들도 죽기 전에 꼭 한번 가 봐야 할 곳으로 꼽는 곳이니 등산 애호가라면 정말 가 볼 만하겠죠? 물론 등산을 힘들어하는 사람도 도전할 수 있어요. 케이블카(索道车 suǒdàochē)가 있기 때문이죠. 많은 중국인이 케이블카를 타고 올라가서 산 위의 풍경을 감상하고 걸어서 내려오는 코스를 선택하는데, 걸어 내려오는 시간만 5~6시간이 걸린답니다. 산 위에 숙박 시설이 있어서 숙박 코스를 선택한다면 여유롭게 산행을 할 수 있고, 다음날 아침에 산 정상에서 일출을 감상할 수 있는 기회도 잡을 수 있으니 황산 여행 계획을 한번 세워 보세요.

칭찬

▶ mp3 10-09

사진 정말 잘 찍으시네요.

你拍得真好。
Nǐ pāi de zhēn hǎo.

是吗? 谢谢。
Shì ma? Xièxie.

🦁 사진 정말 잘 찍으시네요.

🧑 그런가요? 감사합니다.

＊ 拍 pāi (사진을) 찍다
＊ 得 de (정도가) ~하다
＊ 真 zhēn 정말

실전 연습

세 번씩 따라 말해 보세요.

사진 정말 잘 찍으시네요.

 mp3 10-10 ✔ 2 3

你拍得真好。
Nǐ pāi de zhēn hǎo.

동사 ➕ 得 ➕ 真好
: ~을 정말 잘하네요.

唱 chàng 노래하다
画 huà (그림을) 그리다

🔄 唱得真好 chàng de zhēn hǎo
노래를 정말 잘한다

画得真好 huà de zhēn hǎo
그림을 정말 잘 그린다

딸이 정말 귀엽네요.

mp3 10-11 1 2 3

你女儿真可爱。
Nǐ nǚ'ér zhēn kě'ài.

儿子 érzi 아들

可爱 kě'ài 귀엽다
太太 tàitai 아내
漂亮 piàoliang 예쁘다
帅 shuài 잘생기다
你们俩 nǐmen liǎ 너희 둘
般配 bānpèi
(커플이) 잘 어울리다

🔄 你太太真漂亮。 Nǐ tàitai zhēn piàoliang.
아내 분이 정말 예쁘시네요.

你男朋友真帅。 Nǐ nánpéngyou zhēn shuài.
남자친구가 정말 잘생기셨어요.

你们俩真般配。 Nǐmen liǎ zhēn bānpèi.
두 분이 정말 잘 어울리세요.

모자가 정말 예쁘네요.

mp3 10-12 1 2 3

你的帽子真好看。
Nǐ de màozi zhēn hǎokàn.

帽子 màozi 모자
鞋 xié 신발
裙子 qúnzi 치마
衣服 yīfu 옷

🔄 你的鞋真好看。 Nǐ de xié zhēn hǎokàn.
신발이 정말 멋지네요.

你的裙子真漂亮。 Nǐ de qúnzi zhēn piàoliang.
치마가 정말 예뻐요.

你的衣服真漂亮。 Nǐ de yīfu zhēn piàoliang.
옷이 정말 예쁘네요.

확인 문제

01 단어에 해당하는 뜻을 오른쪽 보기에서 찾아 연결해 보세요.

① 唱 •

② 可爱 •

③ 帽子 •

• ⓐ 잘생기다

• ⓑ 모자

• ⓒ 노래하다

• ⓓ 귀엽다

02 문장을 읽고 빈칸에 들어갈 가장 알맞은 단어를 찾아 써 보세요.

보기   得   好看   真

① 你拍 ☐ 真好。

사진 정말 잘 찍으시네요.

② 你女儿 ☐ 可爱。

딸이 정말 귀엽네요.

③ 你的帽子真 ☐ 。

모자가 정말 예쁘네요.

03 앞에서 배웠던 문장을 중국어로 말해 보세요.

☐ 노래를 정말 잘하시네요.

☐ 두 분 정말 잘 어울리세요.

☐ 치마가 정말 예쁘네요.

중국어로
술~술~
나올 때까지
연습 또 연습!

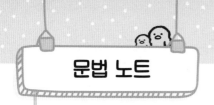

동사 + 得 + 真好 ~을 정말 잘하네요.
de   zhēn hǎo

동사 뒤에 得 de와 真好 zhēn hǎo를 붙여 말하면 '~을 정말 잘하네요'라는 표현이 돼요. 반대로 '~을 잘 못한다'라고 말하고 싶다면 不好 bù hǎo 또는 不太好 bú tài hǎo라는 표현을 사용할 수 있어요.

⑩ 你拍得真好。

　Nǐ pāi de zhēn hǎo.

　사진 정말 잘 찍으시네요.

⑩ 我拍得不太好。

　Wǒ pāi de bú tài hǎo.

　저는 사진을 별로 잘 못 찍어요.

"你拍得真好! Nǐ pāi de zhēn hǎo!"

여행지에서 중국인이 찍어준 사진을 확인할 때 "你拍得真好! Nǐ pāi de zhēn hǎo!"라고 말한다면 사진을 찍어준 사람의 기분이 굉장히 좋겠지요? 어쩌면 이 말 한마디가 중국 친구를 사귈 수 있는 계기를 만들어 줄 수도 있으니 잊지 말고 칭찬해 보세요.

정보 교환

위챗 있으세요?

▶ mp3 10-13

你有微信吗?
Nǐ yǒu wēixìn ma?

有。
Yǒu.

你扫我吧。
Nǐ sǎo wǒ ba.

🐱 위챗 있으세요?

🐱 있어요.

🐱 (QR코드를 보여 주며)

　스캔해 (저를 친구 추가해) 주세요.

* 微信 Wēixìn 위챗
　(중국의 모바일 메신저)
* 扫 sǎo 스캔하다
* …吧 …ba ~하세요, ~합시다

실전 연습

세 번씩 따라 말해 보세요.

위챗 있으세요?

mp3 10-14 2 3

你有微信吗?

Nǐ yǒu Wēixìn ma?

告诉我你的联系方式吧。 Gàosu wǒ nǐ de liánxì fāngshì ba.
연락처 좀 알려 주세요.

告诉我你的邮箱吧。 Gàosu wǒ nǐ de yóuxiāng ba.
이메일 좀 알려 주세요.

这是我的名片。 Zhè shì wǒ de míngpiàn.
이건 제 명함입니다.

告诉 gàosu 알려주다
联系方式 liánxì fāngshì
연락처
邮箱 yóuxiāng 이메일
名片 míngpiàn 명함

➕ 电子邮箱 diànzǐ yóuxiāng 전자
우편을 간단히 邮箱 yóuxiāng이
라고 말한다.

자주 연락하고 지내요.

mp3 10-15 1 2 3

常常联系吧。

Chángcháng liánxì ba.

以后来韩国联系我吧。
Yǐhòu lái Hánguó liánxì wǒ ba.
나중에 한국에 오시면 저한테 연락하세요.

常常 chángcháng 자주
联系 liánxì 연락하다
以后 yǐhòu 나중에

가는 길이 평안하시기를 바라요!

mp3 10-16 1 2 3

一路平安!

Yí lù píng'ān!

一路顺风! Yí lù shùnfēng!
가는 길이 순조롭기를 바라요!

玩儿得开心! Wánr de kāixīn!
즐거운 시간 되세요!

➕ '건강하세요'라고 인사를 건넬 때는
"保重身体。Bǎozhòng shēntǐ."
라고 말할 수 있다.

玩儿 wánr 놀다
开心 kāixīn 즐겁다, 신나다

확인 문제

01 단어에 해당하는 뜻을 오른쪽 보기에서 찾아 연결해 보세요.

① 微信　　　•

② 联系　　　•

③ 一路平安!　•

•　ⓐ 가는 길이 평안하시기를 바라요!

•　ⓑ 연락처

•　ⓒ 위챗

•　ⓓ 연락하다

02 문장을 읽고 빈칸에 들어갈 가장 알맞은 단어를 찾아 써 보세요.

보기　　联系　　一路　　微信

① 你有 _____ 吗?

위챗 있으세요?

② 常常 _____ 吧。

자주 연락하고 지내요.

③ _____ 平安!

가는 길이 평안하시기를 바라요!

03 앞에서 배웠던 문장을 중국어로 말해 보세요.

☐ 연락처 좀 알려 주세요.

☐ 나중에 한국에 오시면 저한테 연락하세요.

☐ 가는 길이 순조롭기를 바라요!

중국어로
술~술~
나올 때까지
연습 또 연습!

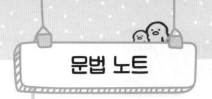
告诉我 + 정보 + 吧。 ~을 좀 알려 주세요.
gàosu wǒ ba

告诉 gàosu는 '알려 주다'라는 뜻으로 告诉我… gàosu wǒ…는 '저한테 ~을 알려 주세요'라고 요청할 때 사용할 수 있는 패턴표현이에요. 문장 끝에 吧 ba를 쓰면 가볍게 부탁하는 느낌을 줄 수 있어요.

㉠ 告诉我你的联系方式吧。
　Gàosu wǒ nǐ de liánxì fāngshì ba.

　연락처 좀 알려 주세요.

㉠ 告诉我你的电话号码吧。
　Gàosu wǒ nǐ de diànhuà hàomǎ ba.

　전화번호 좀 알려 주세요.

"一路平安。Yí lù píng'ān."

중국인은 배웅할 때 먼 길을 무탈하게 잘 가라는 의미로 "一路平安。Yí lù píng'ān." 또는 "一路顺风。Yí lù shùnfēng."이라고 인사해요. 여행지에서 만나게 된 중국인 친구가 다른 여행지로 가거나 집으로 돌아갈 때 "一路平安。Yí lù píng'ān."이라고 작별 인사를 건네 보세요.

아, 알려줘...!

중국어 ♥
너를 좀 더 알고 싶어!
★ ★ ★ ★ ★

🌟 여행 중에 그 지역의 현지인에게 맛집을 추천해 달라고 해 보세요.

你是当地人吗? (현지인이세요?)
Nǐ shì dāngdìrén ma?

哪里有好吃的餐厅? (어디에 맛있는 식당이 있나요?)
Nǎli yǒu hǎochī de cāntīng?

🌟 이름을 물어보는 표현은 다양하지만 그중 '您贵姓? Nín guìxìng?'이라는 표현을 잘 알아 둘 필요가 있어요. 식당이나 호텔을 예약할 때 자주 듣는 말이기 때문이에요. 대답할 때는 이름 대신 성씨만 말해도 충분하답니다.

您贵姓? (성함이 어떻게 되시죠?)
Nín guìxìng?

我姓宋。 (제 성은 송씨입니다.)
Wǒ xìng Sòng.

✦ 발음이 좋다고 칭찬할 때 중국어로는 '표준적이다'라고 해요. 이는 마치 원어민처럼 표준 발음으로 정확하게 발음하고 있다는 뜻이죠. 만약 한국어를 배우는 중국인을 만나게 된다면 이렇게 칭찬해 주세요.

你的发音很标准。(발음이 좋으시네요.)
Nǐ de fāyīn hěn biāozhǔn.

✦ 중국인이라면 누구나 사용하는 모바일 메신저로는 위챗(微信 Wēixìn)이 있어요. 중국에서는 새로 사귄 친구와 위챗 연락처를 주고 받는 것이 일상이에요. 여행 전에 위챗 어플을 미리 다운 받아서 가입해 놓는다면 중국 친구와 쉽게 연락처를 주고 받을 수 있겠죠?

福东路
u Rd. E.

京路步行街
ng Rd. Pedestrain St.

楼
ower

对 V

내가 지금 어디쯤이지? ㅠㅇㅠ

#여권_분실 #생각만_해도_덜덜

REPUBLIC
대 한
여 한
PASSPORT

同仁堂
百草厅

동인당은 350년 전통의 한약방이래!

120

긴급구조 전화번호는 120
#아프지_말자

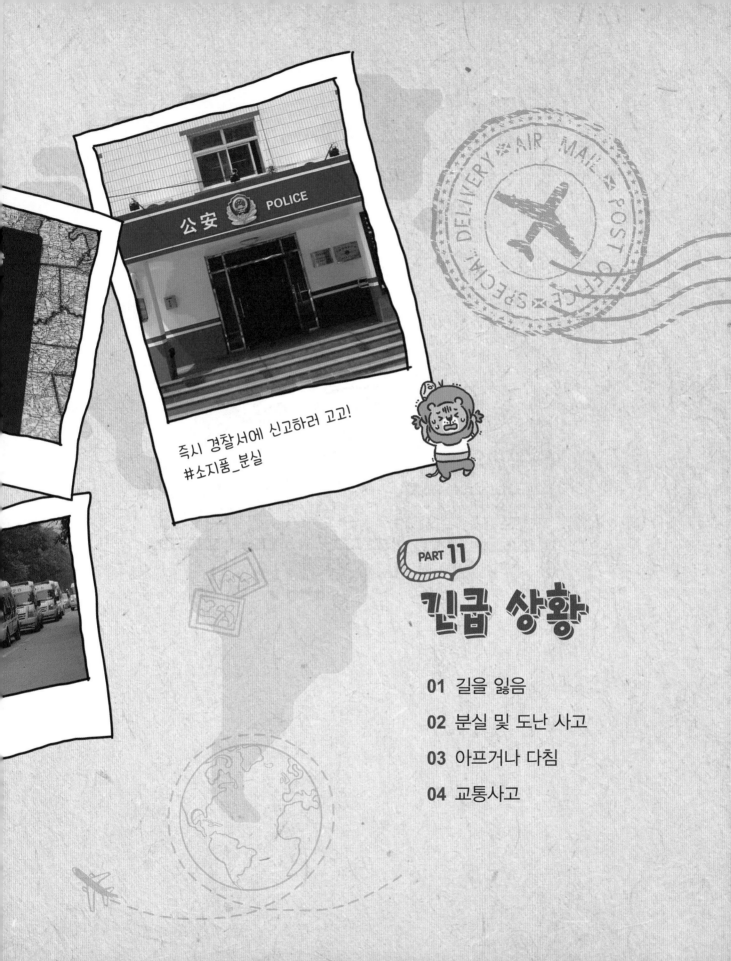

즉시 경찰서에 신고하러 고고!
#소지품_분실

🐻 길을 잃음

▶ mp3 11-01

실례지만, 시즈먼 역까지 어떻게 가요?

🐰 请问，西直门站怎么走?
Qǐngwèn, Xīzhímén zhàn zěnme zǒu?

过马路就到了。
Guò mǎlù jiù dào le.

🐰 실례지만, 시즈먼 역까지 어떻게 가요?

🧑 길을 건너면 바로 있어요.

＊ 过马路 guò mǎlù
길을 건너다

실전 연습

세 번씩 따라 말해 보세요.

실례지만, 시즈먼 역까지 어떻게 가요?   mp3 11-02 ✓ 2 3

请问，西直门站怎么走?

Qǐngwèn, Xīzhímén zhàn zěnme zǒu?

➕ 장소 ➕ 怎么走?
: ～까지 어떻게 가요?

🔄 北京动物园 Běijīng dòngwùyuán 베이징 동물원
我要去这儿 Wǒ yào qù zhèr 여기에 가려는데

실례지만, 근처에 버스정류장이 있나요?   🔘 mp3 11-03 1 2 3

请问，附近有没有公车站?

Qǐngwèn, fùjìn yǒu méiyǒu gōngchēzhàn?

➕ 请问，附近有没有…?
: 실례지만, 근처에 ～가 있나요?

🔄 地铁站 dìtiězhàn 지하철역
药店 yàodiàn 약국
银行 yínháng 은행

길을 건너면 바로 있어요.   🔘 mp3 11-04 1 2 3

过马路就到了。

Guò mǎlù jiù dào le.

过 guò 건너가다
马路 mǎlù 대로, 큰길
一直 yìzhí 곧장
路口 lùkǒu 교차로

🔄 一直走 yìzhí zǒu 쭉 직진하다
往右拐 wǎng yòu guǎi 우회전하다
过两个路口 guò liǎng ge lùkǒu 교차로 2개를 지나다

➕ 往左拐 wǎng zuǒ guǎi
좌회전하다

01 단어에 해당하는 뜻을 오른쪽 보기에서 찾아 연결해 보세요.

① 怎么走?   •

② 附近   •

③ 过马路   •

•   ⓐ 어떻게 가요?

•   ⓑ 길을 건너다

•   ⓒ 직진하다

•   ⓓ 근처

02 문장을 읽고 빈칸에 들어갈 가장 알맞은 단어를 찾아 써 보세요.

보기   过   怎么   附近

① 西直门站 ☐ 走?

시즈먼 역까지 어떻게 가요?

② 请问, ☐ 有没有公车站?

실례지만, 근처에 버스정류장이 있나요?

③ ☐ 马路就到了。

길을 건너면 바로 있어요.

03 앞에서 배웠던 문장을 중국어로 말해 보세요.

☐ 여기에 가려는데 어떻게 가요?

☐ 실례지만, 근처에 약국이 있나요?

☐ 직진하면 바로 있어요.

중국어로
술~술~
나올 때까지
연습 또 연습!

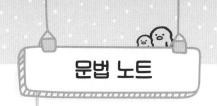

문법 노트

怎么 + 동사? 어떻게 ~하지요?
zěnme

동작을 어떤 방식으로 하면 되는지 물을 때 사용할 수 있는 패턴문형이에요. 여기서
怎么 zěnme는 '어떻게'라는 뜻으로 쓰였어요.

예 北京动物园怎么去?

Běijīng dòngwùyuán zěnme qù?

베이징 동물원까지 어떻게 가요?

예 这个菜怎么吃?

Zhège cài zěnme chī?

이 음식은 어떻게 먹는 거예요?

"请问, 这儿是哪儿? Qǐngwèn, zhèr shì nǎr?"

최근에는 다양한 지도 어플 덕분에 길을 잃을 일이 거의 없지요. 하지만 어플로 위치를 확인해 봐
도 어딘지 모르겠거나 목적지가 지도에 표시되어 있지 않는 경우가 종종 있어요. 그럴 때는 지나가는
행인에게 '실례지만, 여기가 어디쯤이죠?'라고 물어볼 수 있겠죠? 중국어로는 "请问, 这儿是哪儿?
Qǐngwèn, zhèr shì nǎr?"이라고 표현한답니다.

 분실 및 도난사고

▶ mp3 11-05

휴대 전화를 잃어버렸어요.

我的手机丢了。
Wǒ de shǒujī diū le.

在哪儿丢的?
Zài nǎr diū de?

我不知道丢在哪儿了。
Wǒ bù zhīdào diū zài nǎr le.

POLICE

🐯 휴대 전화를 잃어버렸어요.

👮 어디에서 잃어버리셨나요?

🐼 어디에서 잃어버렸는지 모르겠어요.

＊ 丢 diū 잃다, 잃어버리다
＊ 知道 zhīdào 알다
＊ 不知道 bù zhīdào 모르다

실전 연습

세 번씩 따라 말해 보세요.

휴대 전화를 잃어버렸어요. mp3 11-06

我的手机丢了。

Wǒ de shǒujī diū le.

- 登机牌 dēngjīpái 보딩패스, 탑승권
- 护照 hùzhào 여권
- 行李 xíngli 짐, 여행 가방

＋ 물건 ＋ 丢了。
: ∼을 잃어버렸어요.

가방을 도둑맞았어요. mp3 11-07 1 2 3

我的包被偷了。

Wǒ de bāo bèi tōu le.

- 钱包 qiánbāo 지갑
- 照相机 zhàoxiàngjī 카메라
- 手机 shǒujī 휴대 전화

＋ 물건 ＋ 被偷了。
: ∼을 도둑맞았어요.

偷 tōu 훔치다
被偷了 bèi tōu le 도둑맞았다

분실 신고를 하려고요. mp3 11-08 1 2 3

我要报失。

Wǒ yào bàoshī.

- 请给我开一个报失证明，可以吗？
  Qǐng gěi wǒ kāi yí ge bàoshī zhèngmíng, kěyǐ ma?
  분실 신고 증명서를 발급해 주시겠어요?

报失 bàoshī 분실 신고하다
开 kāi (증명서, 영수증을) 발급하다
报失证明 bàoshī zhèngmíng
분실 신고 증명서

확인 문제

01 단어에 해당하는 뜻을 오른쪽 보기에서 찾아 연결해 보세요.

① 丢 •

② 被偷了 •

③ 报失 •

• ⓐ 휴대 전화

• ⓑ 잃어버리다

• ⓒ 도둑맞았다

• ⓓ 분실 신고하다

02 문장을 읽고 빈칸에 들어갈 가장 알맞은 단어를 찾아 써 보세요.

> 보기   报失   丢   偷

① 我的手机 ☐ 了。

  휴대 전화를 잃어버렸어요.

② 我的包被 ☐ 了。

  가방을 도둑맞았어요.

③ 我要 ☐ 。

  분실 신고를 하려고요.

03 앞에서 배웠던 문장을 중국어로 말해 보세요.

☐ 제 짐을 잃어버렸어요.

☐ 제 카메라를 도둑맞았어요.

☐ 분실 신고를 하려고요.

중국어로
술~술~
나올 때까지
연습 또 연습!

물건 + 被偷了。 ~을 도둑맞았어요.
bèi tōu le

偷 tōu는 '훔치다', 被 bèi는 '~을 당하다'라는 뜻으로 둘을 함께 쓰면 '도둑맞았다'
라는 뜻이 돼요.

예 我的手机被偷了。

Wǒ de shǒujī bèi tōu le.

휴대 전화를 도둑맞았어요.

예 我的包被偷了，怎么办?

Wǒ de bāo bèi tōu le, zěnmebàn?

가방을 도둑맞았는데, 어쩌죠?

분실된 한국 여권이 불법 도용되는 사례가 많다고 해요. 만일 여권을 잃어버렸다면 곧바로 중국 주재
한국 대사관(大使馆 dàshǐguǎn)에 신고하고 여권과 비자를 재발급 받아야 해요. 하지만 그 절차가 꽹
장히 복잡하고 1~2주가 소요되기 때문에 여권을 잃어버리지 않도록 잘 보관해야 해요. 혹시 모를 분
실에 대비해 재발급에 필요한 여권 앞면 복사본, 비자 복사본, 여권용 사진 2장을 따로 챙겨 가는 것
이 좋아요.

 아프거나 다침

어디가 불편하시죠?

▶ mp3 11-09

你哪儿不舒服?
Nǐ nǎr bù shūfu?

我拉肚子了。
Wǒ lā dùzi le.

😊 어디가 불편하시죠?

😣 설사를 해요.

＊ 不舒服 bù shūfu 불편하다
＊ 拉肚子 lā dùzi 설사하다

실전 연습

세 번씩 따라 말해 보세요.

배가 아파요. ▶ mp3 11-10 ✔ 2 3

신체부위 ➕ 疼
: ～가 아파요.

肚子疼。
Dùzi téng.

🔄 头 tóu 머리
嗓子 sǎngzi 목구멍
这儿 zhèr 여기

감기약이 있나요? ▶ mp3 11-11 1 2 3

➕ 止痛片 zhǐtòngpiàn 진통제

有没有感冒药?
Yǒu méiyǒu gǎnmàoyào?

🔄 创可贴 chuāngkětiē 반창고, 일회용 밴드
消炎药 xiāoyányào 소염제
消食片 xiāoshípiàn 소화제

설사를 해요. ▶ mp3 11-12 1 2 3

流 liú 흐르다
鼻涕 bítì 콧물

我拉肚子了。
Wǒ lā dùzi le.

🔄 发烧 fāshāo 열이 나다
流鼻涕 liú bítì 콧물이 나다

PART 11 긴급 상황 215

01 단어에 해당하는 뜻을 오른쪽 보기에서 찾아 연결해 보세요.

① 疼　　·

② 感冒　　·

③ 拉肚子　　·

·　ⓐ 설사하다

·　ⓑ 감기

·　ⓒ 열이 나다

·　ⓓ 아프다

02 문장을 읽고 빈칸에 들어갈 가장 알맞은 단어를 찾아 써 보세요.

보기　　　药　　疼　　拉

① 肚子 [　　　　] 。

배가 아파요.

② 有没有感冒 [　　　　] ？

감기약이 있나요?

③ 我 [　　　　] 肚子了。

설사를 해요.

03 앞에서 배웠던 문장을 중국어로 말해 보세요.

☐ 머리가 아파요.

☐ 반창고 있나요?

☐ 열이 나요.

중국어로
술~술~
나올 때까지
연습 또 연습!

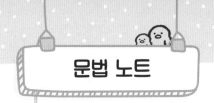
신체 부위 + 疼。 ~가 아파요.
téng

疼 téng은 '아프다'라는 뜻으로, 신체 부위와 함께 말하면 어디가 아픈지 표현할 수 있어요. 만약 아픈 곳을 중국어로 어떻게 말해야 할지 모른다면 해당 부위를 가리키며 "这儿疼。 Zhèr téng."이라고 말하면 돼요.

예 我眼睛疼。

Wǒ yǎnjing téng.

저 눈이 아파요.

예 这儿疼。

Zhèr téng.

여기가 아파요.

"我嗓子疼，有没有枇杷膏? Wǒ sǎngzi téng, yǒu méiyǒu pípágāo?"

중국의 약국에는 피파까오(枇杷膏 pípágāo)라는 시럽으로 된 목감기약이 있어요. 피파까오는 천식 가래에 효과가 좋은 피파나무 잎, 생강, 도라지 등의 약재와 꿀로 만들어졌어요. 여행 중에 목이 칼칼하다면 약국에 가서 '목이 아파요, 피파까오 있나요?'라고 물어보면 되겠죠? 중국어로는 "我嗓子疼，有没有枇杷膏? Wǒ sǎngzi téng, yǒu méiyǒu pípágāo?"라고 말하면 됩니다. 어른은 하루 세 번(一天吃三次 yì tiān chī sān cì) 한 수저씩 먹으면 돼요. 한방 성분이 체질과 맞지 않을 수 있으니, 평소 복용하는 상비약을 준비해 두는 것도 좋은 방법이에요.

 교통사고

사람 살려!

▶ mp3 11-13

救命啊!
Jiùmìng a!

我朋友被车撞了。
Wǒ péngyou bèi chē zhuàng le.

怎么了?
Zěnme le?

 사람 살려!

 무슨 일이에요?

 제 친구가 차에 치였어요.

＊ 救命 jiùmìng 목숨을 구하다
＊ 被车 bèi chē 차에 의해서
＊ 撞 zhuàng 부딪치다

실전 연습

세 번씩 따라 말해 보세요.

사람 살려!

▶ mp3 11-14

救命啊!
Jiùmìng a!

🔁 帮帮我! Bāngbang wǒ! 도와주세요!
来人啊! Lái rén a! 누구 없어요!

빨리 구급차를 불러 주세요!

▶ mp3 11-15 1 2 3

快叫救护车!
Kuài jiào jiùhùchē!

🔁 警察 jǐngchá 경찰
120 yāo èr líng 120(구급차 전화번호)
110 yāo yāo líng 110(경찰서 전화번호)

叫 jiào 부르다

➕ 중국의 긴급 전화번호
구급차 전화번호: 120
경찰서 전화번호: 110

차에 치였어요.

▶ mp3 11-16 1 2 3

被车撞了。
Bèi chē zhuàng le.

🔁 发生了交通事故了。
Fāshēng le jiāotōng shìgù le.
교통사고가 났어요.

发生 fāshēng 발생하다
交通事故 jiāotōng shìgù
교통사고

확인 문제

01 단어에 해당하는 뜻을 오른쪽 보기에서 찾아 연결해 보세요.

① 救命啊!   •

② 救护车   •

③ 被车撞了   •

  • ⓐ 차에 치였다

  • ⓑ 구급차

  • ⓒ 살려 주세요!

  • ⓓ 경찰

02 문장을 읽고 빈칸에 들어갈 가장 알맞은 단어를 찾아 써 보세요.

보기   叫   救命   被

① [　　　] 啊!

사람 살려!

② 快 [　　　] 救护车!

구급차를 빨리 불러 주세요!

③ [　　　] 车撞了。

차에 치였어요.

03 앞에서 배웠던 문장을 중국어로 말해 보세요.

☐ 도와주세요!

☐ 빨리 구급차를 불러 주세요!

☐ 교통사고가 났어요.

중국어로
술~술~
나올 때까지
연습 또 연습!

문법 노트

快 + 동작。 빨리 ~하세요.
kuài

상대방에게 무언가를 빨리 해 달라고 재촉할 때 사용할 수 있는 패턴문형이에요. 여기서 快 kuài는 '빨리'라는 뜻으로, 뒤에 동작을 나타내는 단어를 붙여 '빨리 오세요', '빨리 와서 좀 보세요', '빨리 구급차를 불러 주세요' 등과 같은 표현을 할 수 있어요.

예 快来。
Kuài lái.
빨리 오세요.

예 快叫救护车!
Kuài jiào jiùhùchē!
빨리 구급차 좀 불러 주세요!

闯红灯 chuǎng hóngdēng 무단 횡단

무단 횡단은 중국어로 闯红灯(chuǎng hóngdēng)이라고 해요. '闯(chuǎng)'은 '갑자기 뛰어들다'라는 뜻이고 '红灯(hóngdēng)'은 빨간불을 의미해요. 즉, 행인이나 차가 적색 정지 신호를 무시하고 지나가는 것을 나타내는 말이에요. 예전에는 중국의 교통사고의 70% 이상이 무단 횡단으로 인해 발생했을 만큼 무단 횡단이 빈번했어요. 교통안전 캠페인을 꾸준히 진행하고 교통 법규를 강화한 덕분에 최근에는 무단 횡단을 하는 사람들의 수가 대폭 감소했다고 하니 정말 다행이지요? 대신 중국도 한국처럼 배달 문화가 발달되어 오토바이를 타는 배달 라이더(外卖骑手 wàimài qíshǒu)가 굉장히 많아졌기 때문에 중국에서 횡단보도를 건널 때는 좌우를 살피며 안전에 유의하세요.

⭐ 길을 물었을 때 운 좋게도 내가 가는 곳과 같은 방향으로 가는 사람을 만났다면 이런 대답을 들을 수도 있어요.

我也去那儿，一起走吧。 (저도 거기 가요, 같이 가요.)
Wǒ yě qù nàr, yìqǐ zǒu ba.

⭐ 중국 여행 중에 물건을 분실했을 때 여행자 보험에 가입한 경우에는 분실한 지역 관할 경찰서 公安局 gōng'ānjú에 가서 분실 신고 증명서 报失证明 bàoshī zhèngmíng를 발급받아야 귀국했을 때 보상을 받을 수 있어요.

⭐ 병원이나 약국에 가면 주로 어디가 불편한지, 언제부터 아프기 시작했는지 물어봐요.

你哪儿不舒服？ (어디가 불편하시죠?)
Nǐ nǎr bù shūfu?

什么时候开始疼的？ (언제부터 아프기 시작했나요?)
Shénme shíhou kāishǐ téng de?

★ 중국에서 교통사고와 같은 위급한 상황에 놓이게 되면 크게 외치세요!

快叫警察！ (빨리 경찰을 불러 주세요!)
Kuài jiào jǐngchá!

快叫救护车！ (빨리 구급차를 불러 주세요!)
Kuài jiào jiùhùchē!

이제 일상으로 돌아가 볼까?

추억을 가지고 한국으로 출발~! #다음 날_출근

창가 자리에서
여행의 아쉬움을 달래기~ :)

안녕 중국! 다음에 또 올게!

아, 너무 많이 샀어.
#고민고민

PART 12

귀국

▶ mp3 12-01

한국 인천으로 가는 비행기 표를 예약하려고 하는데요.

我要订一张去韩国仁川的机票。
Wǒ yào dìng yì zhāng qù Hánguó Rénchuān de jīpiào.

要订哪天的票?
Yào dìng nǎ tiān de piào?

下个星期三的单程票。
Xià ge xīngqīsān de dānchéng piào.

🦁 한국 인천으로 가는 비행기 표를 예약하려고 하는데요.

👩 언제 출발하는 표로 예약하시겠어요?

🦁 다음 주 수요일 편도 표요.

* 订 dìng 예약하다
* 仁川 Rénchuān 인천
* 机票 jīpiào 비행기 표
* 单程 dānchéng 편도

실전 연습

세 번씩 따라 말해 보세요.

한국 인천으로 가는 비행기 표를 예약하려고 하는데요.　mp3 I2-02 ✔ 2 3

我要订一张去韩国仁川的机票。
Wǒ yào dìng yì zhāng qù Hánguó Rénchuān de jīpiào.

 金浦 Jīnpǔ 김포
 釜山 Fǔshān 부산

언제 출발하는 표로 예약하시겠어요?　mp3 I2-03 1 2 3

哪天 nǎ tiān 언제, 며칠

要订哪天的票?
Yào dìng nǎ tiān de piào?

 几点 jǐ diǎn 몇 시

다음 주 수요일 편도 표요.　mp3 I2-04 1 2 3

单程票 편도 표
dānchéng piào
往返票 왕복 표
wǎngfǎn piào

下个星期三的单程票。
Xià ge xīngqīsān de dānchéng piào.

 这个星期天回的往返票。
Zhège xīngqītiān huí de wǎngfǎn piào.
이번 주 일요일에 돌아오는 왕복 표요.

확인 문제

01 단어에 해당하는 뜻을 오른쪽 보기에서 찾아 연결해 보세요.

① 机票 •   • ⓐ 편도 표

② 哪天 •   • ⓑ 비행기 표

③ 单程票 •   • ⓒ 예약하다

            • ⓓ 언제, 며칠

02 문장을 읽고 빈칸에 들어갈 가장 알맞은 단어를 찾아 써 보세요.

보기   单程   机票   哪天

① 我要订一张去韩国仁川的 ⬚ 。

한국 인천으로 가는 비행기 표를 예약하려고 하는데요.

② 要订 ⬚ 的票?

언제 출발하는 표로 예약하시겠어요?

③ 下个星期三的 ⬚ 票。

다음 주 수요일 편도 표요.

03 앞에서 배웠던 문장을 중국어로 말해 보세요.

☐ 한국 김포로 가는 비행기 표를 예약하려고 하는데요.

☐ 몇 시에 출발하는 표로 예약하시겠어요?

☐ 이번 주 일요일에 돌아오는 왕복 표요.

중국어로
술~술~
나올 때까지
연습 또 연습!

我要订··· ~를 예약하려고요.
wǒ yào dìng···

订 dìng은 '예약하다'라는 뜻으로 호텔이나 식당을 예약하거나 항공권을 예매할 때
사용할 수 있는 표현이에요.

예 我要订一张去仁川的机票。
Wǒ yào dìng yì zhāng qù Rénchuān de jīpiào.
인천으로 가는 비행기 표를 예약하려고요.

예 我要订三个人的位子。
Wǒ yào dìng sān ge rén de wèizi.
3명 자리를 예약하려고요.

여행 TIP

해외여행을 갈 때는 일반적으로 왕복항공권을 구매하는데, 간혹 장기간 여행을 갈 때는 편도를 끊거
나 돌아오는 항공편은 오픈티켓(不定期票 bú dìngqī piào)으로 가는 경우가 있지요. 오픈티켓은 출국
2주일 전에 날짜를 결정해서 해당 항공사에 예약해야 하는데, 특히 성수기에는 표를 구하기 쉽지 않
으니 일정에 차질이 생기지 않도록 표를 미리 예약하는 것이 좋아요.

 항공권 예약 변경　　　　　　　　▶ mp3 12-05

표를 변경하고 싶어요.

我想改签。
Wǒ xiǎng gǎiqiān.

您想怎么改?
Nín xiǎng zěnme gǎi?

我想把出发日期改到8月8号。
Wǒ xiǎng bǎ chūfā rìqī gǎidào bā yuè bā hào.

🦁 표를 변경하고 싶어요.

👩 어떻게 바꾸시겠습니까?

🦁 출발일을 8월 8일로 바꾸고 싶어요.

＊改签 gǎiqiān 표를 변경하다
＊出发 chūfā 출발(하다)
＊日期 rìqī 날짜
＊改到 gǎidào ～로 바꾸다

세 번씩 따라 말해 보세요.

표를 변경하고 싶어요. ▶ mp3 12-06

推迟 tuīchí 연기하다, 미루다

我想改签。

Wǒ xiǎng gǎiqiān.

退票 tuìpiào 표를 취소하다
推迟一天 tuīchí yì tiān 하루를 연기하다

출발일을 8월 8일로 바꾸고 싶어요. ▶ mp3 12-07

时间 shíjiān 시간

我想把出发日期改到8月8号。

Wǒ xiǎng bǎ chūfā rìqī gǎidào bā yuè bā hào.

时间改到下午3点
shíjiān gǎidào xiàwǔ sān diǎn
출발 시간을 오후 3시로 바꾸다

먼저 그날 표가 있는지 좀 보겠습니다. ▶ mp3 12-08

先 xiān 먼저
查 chá 검색하다, 찾아보다
查查 chácha 한번 찾아보다

我先看一下那天有没有票。

Wǒ xiān kàn yíxià nà tiān yǒu méiyǒu piào.

查查 chácha 한번 찾아보다

01 단어에 해당하는 뜻을 오른쪽 보기에서 찾아 연결해 보세요.

① 改签 •

② 出发日期 •

③ 先 •

• ⓐ 먼저

• ⓑ 표를 변경하다

• ⓒ 표를 취소하다

• ⓓ 출발일

02 문장을 읽고 빈칸에 들어갈 가장 알맞은 단어를 찾아 써 보세요.

보기   改签   改到   先

① 我想 [ ]。

표를 변경하고 싶어요.

② 我想把出发日期 [ ] 8月8号。

출발일을 8월 8일로 바꾸고 싶어요.

③ 我 [ ] 看一下那天有没有票。

먼저 그날 표가 있는지 좀 보겠습니다.

03 앞에서 배웠던 문장을 중국어로 말해 보세요.

☐ 표를 취소하고 싶어요.

☐ 출발 시간을 오후 3시로 바꾸고 싶어요.

☐ 먼저 그날 표가 있는지 한번 찾아보겠습니다.

중국어로
술~술~
나올 때까지
연습 또 연습!

232

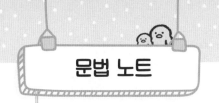

문법 노트

查查 한번 찾아볼게요.
chácha

查 chá는 '검색하다, 조사하다'라는 뜻으로 주로 인터넷이나 사전에서 어떤 정보를 찾을 때 사용해요. 查查 chácha처럼 동사를 두 번 연속해서 말하면 '한번 ~해 보다'라는 뜻으로 동사 뒤에 一下 yíxià를 붙여서 말하는 것과 같아요. 동사를 중첩할 때 두 번째 음절은 경성으로 발음해야 해요.

예 我先查查有没有票。
　　Wǒ xiān chácha yǒu méiyǒu piào.
　　먼저 표가 있는지 한번 찾아보겠습니다.

예 我先查一下有没有票。
　　Wǒ xiān chá yíxià yǒu méiyǒu piào.
　　먼저 표가 있는지 좀 알아보겠습니다.

귀국 선물로 무엇을 사면 좋을지 고민되기 마련인데요. 중국 술, 전통차, 샤오미 전자제품 등 다양한 것들이 있지만, 슈퍼에서 손쉽게 살 수 있고 중국에서만 맛볼 수 있는 독특한 간식을 지인들에게 선물한다면 또 다른 재미를 선사해 줄 수도 있을 거예요. 우선 중국인들은 씨앗(瓜子 guāzǐ)을 간식으로 즐겨 먹는데요. 그중 해바라기씨(葵瓜子 kuíguāzǐ)는 한국인들 사이에서도 이미 유명한 중국 간식이 되었어요. 치아치아(洽洽 Qiàqià)라는 브랜드가 가장 유명한데, 오리지날 맛, 버터 맛, 카라멜 맛, 호두 맛 등 여러 종류의 해바라기씨가 판매되고 있답니다. 두 번째로 추천할 간식은 감자칩(薯片 shǔpiàn)이에요. 중국에서는 토마토 맛, 오이 맛, 라임 맛, 마라샹궈 맛, 동파육 맛, 녹차 맛 등 다양한 맛의 감자칩을 먹어 볼 수 있어요. 비닐 포장의 과자는 부피를 차지하기 때문에 현지에서 미리 맛보고 마음에 드는 몇 가지만 구입해 보세요.

 **탑승 수속**

▶ mp3 12-09

창가 쪽 좌석으로 주세요.

我要靠窗的座位。
Wǒ yào kào chuāng de zuòwèi.

好的。
Hǎo de.

 창가 쪽 좌석으로 주세요.

 네.

* 靠窗 kào chuāng 창가

234

실전 연습

세 번씩 따라 말해 보세요.

창가 쪽 좌석으로 주세요.　　　　　　　　　　　▶ mp3 12-10　✔

我要**靠窗**的座位。
Wǒ yào kào chuāng de zuòwèi.

靠 kào 가까이하다, 접근하다

　🔄 **靠过道** kào guòdào 통로 쪽
　　 前面 qiánmian 앞쪽

짐은 몇 개 부칠 수 있나요?　　　　　　　　　　▶ mp3 12-11　1 2 3

可以**托运几件行李**?
Kěyǐ tuōyùn jǐ jiàn xíngli?

托运 tuōyùn 탁송하다,
위탁 수하물로 부치다
公斤 gōngjīn 킬로그램(kg)

　🔄 **两件行李吗?** liǎng jiàn xíngli ma?
　　 짐 두 개를 부칠 수 있나요?
　　 多少公斤? duōshao gōngjīn?
　　 몇 킬로그램까지 부칠 수 있나요?

이 물건들을 기내에 가지고 탈 수 있나요?　　　　▶ mp3 12-12　1 2 3

这些东西能**带上飞机**吗?
Zhèxiē dōngxi néng dàishang fēijī ma?

这些 zhèxiē 이것들
东西 dōngxi 물건
带上 dàishang 몸에 지니다

　🔄 **托运** tuōyùn 위탁 수하물로 부치다

01 단어에 해당하는 뜻을 오른쪽 보기에서 찾아 연결해 보세요.

① 靠过道 •

② 托运 •

③ 东西 •

• ⓐ 창가 쪽

• ⓑ 통로 쪽

• ⓒ 물건

• ⓓ 위탁 수하물로 부치다

02 문장을 읽고 빈칸에 들어갈 가장 알맞은 단어를 찾아 써 보세요.

보기   带上   窗   托运

① 我要靠 ⬚⬚⬚ 的座位。

창가 쪽 좌석으로 주세요.

② 可以 ⬚⬚⬚ 几件行李?

짐은 몇 개 부칠 수 있나요?

③ 这些东西能 ⬚⬚⬚ 飞机吗?

이 물건들을 기내에 가지고 탈 수 있나요?

03 앞에서 배웠던 문장을 중국어로 말해 보세요.

☐ 통로 쪽 좌석으로 주세요.

☐ 짐 두 개를 부칠 수 있나요?

☐ 이 물건들을 기내에 가지고 탈 수 있나요?

중국어로
술~술~
나올 때까지
연습 또 연습!

这些 + 명사 이것들, 이들
zhèxiē

些 xiē는 '약간, 조금'이라는 뜻의 양사로 这些 zhèxiē는 비교적 가까이 있는 둘 이상의 물건이나 사람을 가리킬 때 사용해요. '이 물건들 这些东西 zhèxiē dōngxi', '이 사람들 这些人 zhèxiē rén'과 같이 표현할 수 있어요.

㉠ 这些东西能带上飞机吗?

Zhèxiē dōngxi néng dàishang fēijī ma?

이 물건들을 기내에 가지고 탈 수 있나요?

㉠ 这些行李都是我的。

Zhèxiē xíngli dōu shì wǒ de.

이 짐들은 모두 제 거예요.

"行李箱里有没有充电宝? Xínglixiāng li yǒu méiyǒu chōngdiànbǎo?"

보조배터리는 위탁 수하물로 부칠 수 없다는 사실, 알고 계시나요? 그래서 탑승 수속할 때 항공사 직원이 수하물로 부칠 캐리어 가방에 보조배터리가 있는지 확인하기 위해 "行李箱里有没有充电宝? Xínglixiāng li yǒu méiyǒu chōngdiànbǎo?"라고 물어본답니다. 보조배터리는 항공사에서 규정한 용량의 것만 기내에 가지고 타세요.

 탑승 지연 및 비행기 놓침

▶ mp3 12-13

언제 탑승을 시작하나요?

什么时候开始登机?
Shénme shíhou kāishǐ dēngjī?

现在开始登机了。
Xiànzài kāishǐ dēngjī le.

 언제 탑승을 시작하나요?

지금부터 탑승 수속을 시작하겠습니다.

* 开始 kāishǐ 시작하다
* 登机 dēngjī 탑승하다
* 现在 xiànzài 지금, 현재

실전 연습

세 번씩 따라 말해 보세요.

언제 탑승을 시작하나요?　　　　　▶ mp3 12-14　

什么时候开始登机?

Shénme shíhou kāishǐ dēngjī?

还 hái 아직
起飞 qǐfēi 이륙하다

飞机怎么还不起飞呢?
Fēijī zěnme hái bù qǐfēi ne?
비행기가 왜 아직 이륙을 안 하는 거죠?

今天能起飞吗? Jīntiān néng qǐfēi ma?
오늘 이륙할 수 있나요?

비행기를 놓쳤는데, 다음 편을 탈 수 있을까요?　　▶ mp3 12-15　

我没赶上飞机，能不能坐下一班?

Wǒ méi gǎnshàng fēijī, néng bu néng zuò xià yì bān?

➕ 没赶上 ➕ 교통수단
: ~를 놓쳤어요.

下一班 xià yì bān
(비행기, 기차) 다음 편

下一班飞机有座吗?
xià yì bān fēijī yǒu zuò ma?
다음 편 비행기에 자리가 있나요?

공항 내에 호텔이 있습니까?　　　　　▶ mp3 12-16　

机场里有没有宾馆?

Jīchǎng li yǒu méiyǒu bīnguǎn?

药店 yàodiàn 약국
吸烟区 xīyānqū 흡연 구역

확인 문제

01 단어에 해당하는 뜻을 오른쪽 보기에서 찾아 연결해 보세요.

① 登机 •   • ⓐ 호텔

② 没赶上 •   • ⓑ ~를 놓치다

③ 宾馆 •   • ⓒ 다음 편

                   • ⓓ 탑승하다

02 문장을 읽고 빈칸에 들어갈 가장 알맞은 단어를 찾아 써 보세요.

> 보기   宾馆   赶上   登机

① 什么时候开始 ☐☐☐☐ ?

언제 탑승을 시작하나요?

② 我没 ☐☐☐☐ 飞机，能不能坐下一班?

비행기를 놓쳤는데, 다음 편을 탈 수 있을까요?

③ 机场里有没有 ☐☐☐☐ ?

공항 내에 호텔이 있습니까?

03 앞에서 배웠던 문장을 중국어로 말해 보세요.

☐ 비행기가 왜 아직 이륙을 안 하는 거죠?

☐ 비행기를 놓쳤는데, 다음 편 비행기에 자리가 있나요?

☐ 공항 내에 약국이 있습니까?

중국어로
술~술~
나올 때까지
연습 또 연습!

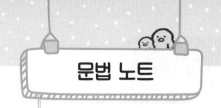

문법 노트

什么时候 + 동사? 언제 ~하나요?
shénme shíhou

什么时候 shénme shíhou는 '언제'라는 의문사로 뒤에 동사를 함께 써서 '언제 ~ 하나요?'라고 물어볼 때 사용할 수 있어요.

㉑ 什么时候开始登机?
　Shénme shíhou kāishǐ dēngjī?
　언제 탑승을 시작하나요?

㉑ 什么时候结束?
　Shénme shíhou jiéshù?
　언제 끝나요?

提供免费食宿 tígōng miǎnfèi shísù 무료 숙식 서비스 제공

중국 항공은 지연, 결항이 잦은 편이에요. 지연, 결항의 사유가 비행기 수리 보수, 항공편 노선 조정, 기상 악화 등일 경우 보통은 항공사로부터 무료(免费 miǎnfèi)로 숙식 서비스를 제공받을 수 있어요. 그렇기 때문에 늦은 밤 기상 악화 등의 사유로 운항이 취소됐을 때는 항공사 직원을 찾아 무료 숙식 서비스를 제공하는지 물어보면 돼요. 중국어로는 "提供免费食宿吗? Tígōng miǎnfèi shísù ma?"라고 표현한답니다.

아, 알려줘...!

중국어 ♥

너를 좀 더 알고 싶어!

★ 전화로 비행기 표를 예약할 때 여권 번호와 영문 이름을 말해야 하는데요. 한국인과 중국인의 영어 발음이 달라 의사소통이 어려울 수 있다는 사실, 알고 계셨나요? 중국인들이 알파벳을 어떻게 발음하는지 함께 알아봅시다.

J : '제이'라고 발음하는 중국인도 있지만 알파벳 G와 구분하기 위해서 중국어로 '띵꺼우(丁钩 dīnggōu)'라고도 해요. 알파벳 J와 '丁'자 모양이 닮아서 이렇게 불러요.

L : 에르

M : 에므

N : 언

★ 표를 취소하거나 변경할 때 수수료가 발생할 수 있는데, 수수료가 얼마인지 물어볼 때는 다음과 같이 말해 보세요.

手续费多少钱? (수수료는 얼마예요?)
Shǒuxùfèi duōshao qián?

※手续费 shǒuxùfèi 수수료

☆ 탑승 수속 할 때 창가 쪽 靠窗的 kào chuāng de 좌석과 통로쪽 靠过道的 kào guòdào de 좌석 중 어떤 좌석을 원하는지 질문을 받게 되니, 어디에 앉고 싶은지 미리 생각해 두는 게 좋겠지요?

☆ 공항에서 항공편 지연 안내 방송이 나오면 알아들을 수 있어야 하겠죠? '不能按时起飞 bù néng ànshí qǐfēi'라는 말이 들리면 비행기가 정시에 출발할 수 없다는 의미예요.

您乘坐的 MU7765航班不能按时起飞。
Nín chéngzuò de MU7765 hángbān bù néng ànshí qǐfēi.
(MU7765 항공편은 정시에 출발할 수 없습니다.)

확인 문제
정답

PART 02

01 인사

문제 1

① ⓑ

② ⓓ

③ ⓒ

문제 2

① 你

② 不

③ 没

문제 3

① 大家好。
Dàjiā hǎo.

② 不好意思。
Bù hǎo yìsi.

③ 没关系。/ 没事儿。
Méi guānxi. / Méishìr.

02 감정 표현

문제 1

① ⓐ

② ⓒ

③ ⓑ

문제 2

① 期待

② 特别

③ 听说

문제 3

① 我第一次去中国，很开心!
Wǒ dì yī cì qù Zhōngguó, hěn kāixīn!

② 我特别想看上海夜景。
Wǒ tèbié xiǎng kàn Shànghǎi yèjǐng.

③ 听说最近天津空气不好，有点儿担心。
Tīngshuō zuìjìn Tiānjīn kōngqì bù hǎo, yǒudiǎnr dānxīn.

03 숫자 및 날짜

문제 1

① ⓓ

② ⓒ

③ ⓐ

문제 2

① 天

② 号

③ 什么时候

문제 3

① 今天星期五。
Jīntiān xīngqīwǔ.

② 我一月三十号去青岛。
Wǒ yī yuè sānshí hào qù Qīngdǎo.

③ 你什么时候去首尔?
Nǐ shénme shíhou qù Shǒu'ěr?

04 시간 및 화폐

문제 1

① ⓓ

② ⓑ

③ ⓐ

문제 2

① 几

② 多少

③ 块

문제 3

① 几点开门?
Jǐ diǎn kāimén?

② 这个多少钱?
Zhè ge duōshao qián?

③ 一共一百零五块。
Yígòng yìbǎi líng wǔ kuài.

PART 03

01 자리 찾기

문제 1

① ⓓ

② ⓑ

③ ⓐ

문제 2

① 座位

② 进去

③ 安全带

문제 3

① 请问9号登机口在哪儿?
　　Qǐngwèn jiǔ hào dēngjīkǒu zài nǎr?

② 打扰一下，我想出去。
　　Dǎrǎo yíxià, wǒ xiǎng chūqù.

③ 请您系好安全带。
　　Qǐng nín jìhǎo ānquándài.

02 기내 서비스 이용

문제 1

① ⓑ

② ⓐ

③ ⓓ

문제 2

① 一条

② 一杯

③ 什么

문제 3

① 请给我一个枕头。
　　Qǐng gěi wǒ yí ge zhěntou.

② 请给我一杯可乐。
　　Qǐng gěi wǒ yì bēi kělè.

③ 有什么茶?
　　Yǒu shénme chá?

03 입국 심사

문제 1

① ⓒ

② ⓓ

③ ⓐ

문제 2

① 旅游

② 呆

③ 没

문제 3

① 我是来出差的。
　　Wǒ shì lái chūchāi de.

② 我呆两天。
　　Wǒ dāi liǎng tiān.

③ 我的行李还没出来。
　　Wǒ de xíngli hái méi chūlái.

04 공항 안내소 문의

문제 1

① ⓓ

② ⓐ

③ ⓑ

문제 2

① 取款机

② 坐

③ 可以

문제 3

① 机场大巴售票处在哪儿?
　　Jīchǎng dàbā shòupiàochù zài nǎr?

② 高铁在哪儿坐?
　　Gāotiě zài nǎr zuò?

③ 这儿可以买车票吗?
　　Zhèr kěyǐ mǎi chēpiào ma?

PART 04

01 지하철

문제 1

① ⓓ

② ⓐ

③ ⓑ

문제 2

① 号线

② 上

③ 从

문제 3

① 去机场坐几号线?
Qù jīchǎng zuò jǐ hào xiàn?

② 去外滩在哪个站换乘?
Qù Wàitān zài nǎge zhàn huànchéng?

③ 请问，去颐和园从哪个口出去?
Qǐngwèn, qù Yíhéyuán cóng nǎge kǒu chūqù?

02 버스

문제 1

① ⓒ

② ⓑ

③ ⓐ

문제 2

① 路

② 去

③ 还

문제 3

① 去长城坐几路车?
Qù Chángchéng zuò jǐ lù chē?

② 去青岛啤酒博物馆吗?
Qù Qīngdǎo píjiǔ bówùguǎn ma?

③ 到豫园还要坐几站?
Dào Yùyuán hái yào zuò jǐ zhàn?

03 택시

문제 1

① ⓓ

② ⓒ

③ ⓐ

문제 2

① 到

② 多长

③ 停

문제 3

① 去假日酒店吧。
Qù Jiàrì jiǔdiàn ba.

② 去这儿需要多长时间?
Qù zhèr xūyào duō cháng shíjiān?

③ 在酒店门口停一下。
Zài jiǔdiàn ménkǒu tíng yíxià.

04 기차

문제 1

① ⓒ

② ⓑ

③ ⓐ

문제 2

① 高铁

② 还是

③ 把

문제 3

① 我要一张明天早上去天津的高铁。
Wǒ yào yì zhāng míngtiān zǎoshang qù Tiānjīn de gāotiě.

② 要一等座还是二等座?
Yào yī děng zuò háishi èr děng zuò?

③ 我把行李忘在出租车上了。
Wǒ bǎ xíngli wàng zài chūzūchē shang le.

PART 05

01 체크인

문제 1

① ⓒ

② ⓐ

③ ⓓ

문제 2

① 双

② 填

③ 房卡

문제 3

① 有没有标准间?
Yǒu méiyǒu biāozhǔnjiān?

② 请先填一下电话号码。
Qǐng xiān tián yíxià diànhuà hàomǎ

③ 这是您的早餐券。
Zhè shì nín de zǎocānquàn.

02 시설 이용

문제 1

① ⓒ

② ⓓ

③ ⓐ

문제 2

① 多少

② 条

③ 帮

문제 3

① 有没有无线网?
Yǒu méiyǒu wúxiànwǎng?

② 请再给我一条毛巾。
Qǐng zài gěi wǒ yì tiáo máojīn.

③ 请帮我叫一辆出租车。
Qǐng bāng wǒ jiào yí liàng chūzūchē.

03 문제 해결

문제 1

① ⓑ

② ⓐ

③ ⓓ

문제 2

① 坏

② 给

③ 忘

문제 3

① 马桶坏了。
Mǎtǒng huài le.

② 给我换一下浴巾。
Gěi wǒ huàn yíxià yùjīn.

③ 我忘了带房卡。
Wǒ wàng le dài fángkǎ.

04 체크아웃

문제 1

① ⓒ

② ⓐ

③ ⓓ

문제 2

① 晚

② 什么

③ 可以

문제 3

① 能不能晚一点退房?
Néng bu néng wǎn yìdiǎn tuìfáng?

② 这个账单不对。
Zhège zhàngdān bú duì.

③ 我可以寄存这个行李箱吗?
Wǒ kěyǐ jìcún zhège xínglixiāng ma?

PART 06

01 예약 및 자리 문의

문제 1

① ⓑ

② ⓓ

③ ⓐ

문제 2

① 订

② 位子

③ 等

문제 3

① 今天晚上六点，我想订一个包间。
Jīntiān wǎnshang liù diǎn, wǒ xiǎng dìng yí ge bāojiān.

② 有位子吗?
Yǒu wèizi ma?

③ 要等多久? / 要等多长时间?
Yào děng duōjiǔ? / Yào děng duō cháng shíjiān?

02 주문

문제 1

① ⓐ

② ⓓ

③ ⓒ

문제 2

① 服务员

② 来

③ 推荐

문제 3

① 服务员，点菜!
Fúwùyuán, diǎn cài!

② 来两碗米饭。
Lái liǎng wǎn mǐfàn.

③ 推荐一下特色菜。
Tuījiàn yíxià tèsècài.

03 문제 해결

문제 1

① ⓒ

② ⓐ

③ ⓑ

문제 2

① 点

② 怎么

③ 再

문제 3

① 这不是我点的。
Zhè bú shì wǒ diǎn de.

② 我点的菜怎么还没上?
Wǒ diǎn de cài zěnme hái méi shàng?

③ 服务员，再给我一双筷子。
Fúwùyuán, zài gěi wǒ yì shuāng kuàizi.

04 계산

문제 1

① ⓑ

② ⓓ

③ ⓒ

문제 2

① 单

② 卡

③ 错

문제 3

① 现金。
Xiànjīn.

② 刷卡。
Shuā kǎ.

③ 多找给我了。
Duō zhǎo gěi wǒ le.

PART 07

01 패스트푸드점

문제 1

① ⓓ

② ⓒ

③ ⓑ

문제 2

① 号

② 换成

③ 走

문제 3

① 我要一个巨无霸套餐。

　Wǒ yào yí ge jùwúbà tàocān.

② 可以把可乐换成雪碧吗?

　Kěyǐ bǎ kělè huànchéng xuěbì ma?

③ 带走吗?

　Dài zǒu ma?

02 카페

문제 1

① ⓓ

② ⓐ

③ ⓑ

문제 2

① 冰

② 中

③ 加

문제 3

① 我要一杯美式咖啡，热的。

　Wǒ yào yì bēi měishì kāfēi, rè de.

② 我要大杯。

　Wǒ yào dà bēi.

③ 加点儿冰块儿吧。

　Jiā diǎnr bīng kuàir ba.

03 마라탕 가게

문제 1

① ⓓ

② ⓒ

③ ⓑ

문제 2

① 擦

② 份

③ 微

문제 3

① 请收拾一下桌子吧。

　Qǐng shōushi yíxià zhuōzi ba.

② 再加一份牛肉。

　Zài jiā yí fèn niúròu.

③ 我要中辣的。

　Wǒ yào zhōng là de.

04 술집

문제 1

① ⓒ

② ⓑ

③ ⓐ

문제 2

① 扎啤

② 加

③ 瓶起子

문제 3

① 来这瓶红酒。

　Lái zhè píng hóngjiǔ.

② 我要冰的。

　Wǒ yào bīng de.

③ 麻烦你，给我酒单。

　Máfan nǐ, gěi wǒ jiǔdān.

PART 08

01 관광 안내소

문제 1

① ⓓ

② ⓒ

③ ⓐ

문제 2

① 中心

② 好玩儿

③ 走着

문제 3

① 出口在哪儿?
   Chūkǒu zài nǎr?

② 推荐一下餐厅。
   Tuījiàn yíxià cāntīng.

③ 往返需要多长时间?
   Wǎngfǎn xūyào duō cháng shíjiān?

02 관광 명소 구경

문제 1

① ⓑ

② ⓐ

③ ⓓ

문제 2

① 门票

② 优惠

③ 到

문제 3

① 要不要买门票?
   Yào bu yào mǎi ménpiào?

② 学生可以优惠吗? / 学生可以打折吗?
   Xuésheng kěyǐ yōuhuì ma? / Xuésheng kěyǐ dǎzhé ma?

③ 最晚开到几点?
   Zuì wǎn kāidào jǐ diǎn?

03 사진 촬영

문제 1

① ⓓ

② ⓒ

③ ⓐ

문제 2

① 东西

② 帮

③ 需要

문제 3

① 这儿可以吸烟吗?
   Zhèr kěyǐ xīyān ma?

② 这儿可以吃东西吗?
   Zhèr kěyǐ chī dōngxi ma?

③ 需要我帮你(们)拍张照吗? /
   Xūyào wǒ bāng nǐ(men) pāi zhāng zhào ma?
   需要我帮你(们)照张相吗?
   Xūyào wǒ bāng nǐ(men) zhào zhāng xiàng ma?

04 발 마사지

문제 1

① ⓓ

② ⓐ

③ ⓒ

문제 2

① 做

② 重

③ 疼

문제 3

① 我想做全身。
   Wǒ xiǎng zuò quánshēn.

② 再轻一点。
   Zài qīng yìdiǎn.

③ 有点儿烫。
   Yǒudiǎnr tàng.

PART 09

01 옷가게 & 신발가게

문제 1

① ⓑ

② ⓓ

③ ⓐ

문제 2

① 试试

② 号

③ 大

문제 3

① 可以看看吗?
Kěyǐ kànkan ma?

② 我要三十八号的。
Wǒ yào sānshíbā hào de.

③ 太大了。
Tài dà le.

02 마트

문제 1

① ⓒ

② ⓓ

③ ⓑ

문제 2

① 手推车

② 更

③ 怎么

문제 3

① 收银台在哪儿?
Shōuyíntái zài nǎr?

② 哪一种更好吃?
Nǎ yì zhǒng gèng hàochī?

③ 这个怎么卖?
Zhège zěnme mài?

03 계산

문제 1

① ⓑ

② ⓓ

③ ⓐ

문제 2

① 多少

② 点儿

③ 打

문제 3

① 这个怎么卖?
Zhège zěnme mài?

② 太贵了,三十块怎么样?
Tài guì le, sānshí kuài zěnmeyàng?

③ 现在买一赠一。
Xiànzài mǎi yī zèng yī.

04 교환 및 환불

문제 1

① ⓑ

② ⓓ

③ ⓒ

문제 2

① 退货

② 小

③ 带

문제 3

① 这是昨天买的,我想退货。
Zhè shì zuótiān mǎi de, wǒ xiǎng tuìhuò.

② 我想换大一码的,可以吗?
Wǒ xiǎng huàn dà yì mǎ de, kěyǐ ma?

③ 发票带了吗?
Fāpiào dài le ma?

PART 10

01 말문 트기

문제 1

① ⓒ

② ⓐ

③ ⓑ

문제 2

① 跟

② 过

③ 哪里

문제 3

① 你自己来的吗?
　 Nǐ zìjǐ lái de ma?

② 你来过这儿吗?
　 Nǐ láiguo zhèr ma?

③ 你是当地人吗?
　 Nǐ shì dāngdì rén ma?

02 자기소개

문제 1

① ⓒ

② ⓐ

③ ⓓ

문제 2

① 叫

② 岁

③ 喜欢

문제 3

① 我叫金荷娜。/ 我的名字是金荷娜。
　 Wǒ jiào Jīn Hénà. / Wǒ de míngzi shì Jīn Hénà.

② 我四十二岁,是家庭主妇。
　 Wǒ sìshí'èr suì, shì jiātíng zhǔfù.

③ 我喜欢拍照。
　 Wǒ xǐhuan pāizhào.

03 칭찬

문제 1

① ⓒ

② ⓓ

③ ⓑ

문제 2

① 得

② 真

③ 好看

문제 3

① 你唱得真好。
　 Nǐ chàng de zhēn hǎo.

② 你们俩真般配。
　 Nǐmen liǎ zhēn bānpèi.

③ 你的裙子真漂亮。
　 Nǐ de qúnzi zhēn piàoliang.

04 정보 교환

문제 1

① ⓒ

② ⓓ

③ ⓐ

문제 2

① 微信

② 联系

③ 一路

문제 3

① 告诉我你的联系方式吧。
　 Gàosu wǒ nǐ de liánxì fāngshì ba.

② 以后来韩国联系我吧。
　 Yǐhòu lái Hánguó liánxì wǒ ba.

③ 一路顺风!
　 Yí lù shùnfēng!

PART II

01 길을 잃음

문제 1

① ⓐ

② ⓓ

③ ⓑ

문제 2

① 怎么

② 附近

③ 过

문제 3

① 我要去这儿，怎么走?
Wǒ yào qù zhèr, zěnme zǒu?

② 请问，附近有没有药店?
Qǐngwèn, fùjìn yǒu méiyǒu yàodiàn?

③ 一直走就到了。
Yìzhí zǒu jiù dào le.

02 분실 및 도난사고

문제 1

① ⓑ

② ⓒ

③ ⓓ

문제 2

① 丢

② 偷

③ 报失

문제 3

① 我的行李丢了。
Wǒ de xíngli diū le.

② 我的照相机被偷了。
Wǒ de zhàoxiàngjī bèi tōu le.

③ 我要报失。
Wǒ yào bàoshī.

03 아프거나 다침

문제 1

① ⓓ

② ⓑ

③ ⓐ

문제 2

① 疼

② 药

③ 拉

문제 3

① 头疼。
Tóu téng.

② 有没有创可贴?
Yǒu méiyǒu chuāngkětiē?

③ 我发烧了。
Wǒ fāshāo le.

04 교통사고

문제 1

① ⓒ

② ⓑ

③ ⓐ

문제 2

① 救命

② 叫

③ 被

문제 3

① 帮帮我!
Bāngbang wǒ!

② 快叫救护车!
Kuài jiào jiùhùchē!

③ 发生了交通事故了。
Fāshēng le jiāotōng shìgù le.

PART 12

01 귀국 항공권 예약

문제 1

① ⓑ

② ⓓ

③ ⓐ

문제 2

① 机票

② 哪天

③ 单程

문제 3

① 我要订一张去韩国金浦的机票。
Wǒ yào dìng yì zhāng qù Hánguó Jīnpǔ de jīpiào.

② 要订几点的票?
Yào dìng jǐ diǎn de piào?

③ 这个星期天回的往返票。
Zhège xīngqītiān huí de wǎngfǎn piào.

02 항공권 예약 변경

문제 1

① ⓑ

② ⓓ

③ ⓐ

문제 2

① 改签

② 改到

③ 先

문제 3

① 我想退票。
Wǒ xiǎng tuìpiào.

② 我想把出发时间改到下午三点。
Wǒ xiǎng bǎ chūfā shíjiān gǎidào xiàwǔ sān diǎn.

③ 我先查查那天有没有票。
Wǒ xiān chácha nà tiān yǒu méiyǒu piào.

03 탑승 수속

문제 1

① ⓑ

② ⓓ

③ ⓒ

문제 2

① 窗

② 托运

③ 带上

문제 3

① 我要靠过道的座位。
Wǒ yào kào guòdào de zuòwèi.

② 可以托运两件行李吗?
Kěyǐ tuōyùn liǎng jiàn xíngli ma?

③ 这些东西能带上飞机吗?
Zhèxiē dōngxi néng dàishang fēijī ma?

04 탑승 지연 및 비행기 놓침

문제 1

① ⓓ

② ⓑ

③ ⓐ

문제 2

① 登机

② 赶上

③ 宾馆

문제 3

① 飞机怎么还不起飞呢?
Fēijī zěnme hái bù qǐfēi ne?

② 我没赶上飞机, 下一班飞机有座吗?
Wǒ méi gǎnshang fēijī, xià yì bān fēijī yǒu zuò ma?

③ 机场里有没有药店?
Jīchǎng li yǒu méiyǒu yàodiàn?

하루 한 장 쓰기노트

가장 쉬운 여행 중국어

현지에서 바로 써먹는 여행 회화 패턴

동양북스

🗨 하루 한 장 쓰기노트

현지에서 바로 써먹는 여행 회화 패턴

가장 쉬운 여행 중국어

📖 동양북스

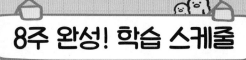

8주 완성! 학습 스케줄

WEEK 1

1일	PART 02 기본 표현	01 인사
2일	PART 02 기본 표현	02 감정 표현
3일	PART 02 기본 표현	03 숫자 및 날짜
4일	PART 02 기본 표현	04 시간 및 화폐
5일	PART 03 출발	01 자리 찾기
6일	PART 03 출발	02 기내 서비스 이용

WEEK 2

7일	PART 03 출발	03 입국 심사
8일	PART 03 출발	04 공항 안내소 문의
9일	PART 04 교통수단	01 지하철
10일	PART 04 교통수단	02 버스
11일	PART 04 교통수단	03 택시
12일	PART 04 교통수단	04 기차

WEEK 3

13일	PART 05 숙소	01 체크인
14일	PART 05 숙소	02 시설 이용
15일	PART 05 숙소	03 문제 해결
16일	PART 05 숙소	04 체크아웃
17일	PART 06 식당 I	01 예약 및 자리 문의
18일	PART 06 식당 I	02 주문

WEEK 4

19일	PART 06 식당 I	03 문제 해결
20일	PART 06 식당 I	04 계산
21일	PART 07 식당 II	01 패스트푸드점
22일	PART 07 식당 II	02 카페
23일	PART 07 식당 II	03 마라탕 가게
24일	PART 07 식당 II	04 술집

PART 02 | 기본 표현

Day 01   你好!
Nǐ hǎo!
안녕하세요!

단어 쓰기

你　你　你
너, 당신　nǐ　nǐ

好　好　好
좋다　hǎo　hǎo

문장 쓰기

1. 안녕하세요. / 안녕.

☑ 你好。
Nǐ hǎo.

2 你好。
Nǐ hǎo.

2. 고마워요. / 천만에요.

☑ 谢谢。　/　不客气。
Xièxie.　/　Bú kèqi.

2 谢谢。　/　不客气。
Xièxie.　/　Bú kèqi.

3. 미안해요. / 괜찮아요.

☑ 不好意思。　/　没事儿。
Bù hǎo yìsi.　/　Méishìr.

2 不好意思。　/　没事儿。
Bù hǎo yìsi.　/　Méishìr.

Day 02

我第一次去中国，很期待！
Wǒ dì yī cì qù Zhōngguó, hěn qīdài!
중국에 처음 가는 거라, 기대돼요!

第一次　　第一次　　第一次
처음, 첫 번째　　dì yī cì　　dì yī cì

期待　　期待　　期待
기대하다　　qīdài　　qīdài

1. 중국에 처음 가는 거라, 기대돼요!

☑ 我第一次去中国，很期待！
Wǒ dì yī cì qù Zhōngguó, hěn qīdài!

② 我第一次去中国，很期待！
Wǒ dì yī cì qù Zhōngguó, hěn qīdài!

2. 훠궈가 정말 먹고 싶어요.

☑ 我特别想吃火锅。
Wǒ tèbié xiǎng chī huǒguō.

② 我特别想吃火锅。
Wǒ tèbié xiǎng chī huǒguō.

3. 요즘 광저우가 덥다고 해서, 좀 걱정이에요.

☑ 听说最近广州很热，有点儿担心。
Tīngshuō zuìjìn Guǎngzhōu hěn rè, yǒudiǎnr dānxīn.

② 听说最近广州很热，有点儿担心。
Tīngshuō zuìjìn Guǎngzhōu hěn rè, yǒudiǎnr dānxīn.

Day 03

我五月九号去青岛。
Wǒ wǔ yuè jiǔ hào qù Qīngdǎo.
저는 5월 9일에 칭다오에 가요.

五月

五月 五月
5월   wǔ yuè   wǔ yuè

九号

九号 九号
9일   jiǔ hào   jiǔ hào

1. 오늘은 금요일이에요.

☑ 今天星期五。
　Jīntiān xīngqīwǔ.

② 今天星期五。
　Jīntiān xīngqīwǔ.

2. 저는 1월 30일에 시안에 가요.

☑ 我一月三十号去西安。
　Wǒ yī yuè sānshí hào qù Xī'ān.

② 我一月三十号去西安。
　Wǒ yī yuè sānshí hào qù Xī'ān.

3. 언제 칭다오에 가세요?

☑ 你什么时候去青岛?
　Nǐ shénme shíhou qù Qīngdǎo?

② 你什么时候去青岛?
　Nǐ shénme shíhou qù Qīngdǎo?

Day 04 几点关门?
Jǐ diǎn guānmén?
몇 시에 문을 닫나요?

단어 쓰기

几点   几点   几点
몇 시   jǐ diǎn   jǐ diǎn

关门   关门   关门
문을 닫다   guānmén   guānmén

문장 쓰기

1. 몇 시에 문을 닫나요?

☑ 几点关门?
   Jǐ diǎn guānmén?

2️⃣ 几点关门?
   Jǐ diǎn guānmén?

2. 이거 얼마예요?

☑ 这个多少钱?
   Zhège duōshao qián?

2️⃣ 这个多少钱?
   Zhège duōshao qián?

3. 모두 20위안입니다.

☑ 一共20块。
   Yígòng èrshí kuài.

2️⃣ 一共20块。
   Yígòng èrshí kuài.

NOTE

PART 03

출발

Day 05 我的座位在哪儿?
Wǒ de zuòwèi zài nǎr?
제 좌석이 어디죠?

 단어 쓰기

在　　在　　在
~에 있다　　zài　　zài

哪儿　　哪儿　　哪儿
어디　　　nǎr　　　 nǎr

문장 쓰기

1. 실례지만 제 좌석이 어디죠?

☑ 请问我的座位在哪儿?
Qǐngwèn wǒ de zuòwèi zài nǎr?

② 请问我的座位在哪儿?
Qǐngwèn wǒ de zuòwèi zài nǎr?

2. 실례지만, 저 좀 나갈게요.

☑ 打扰一下, 我想出去。
Dǎrǎo yíxià, wǒ xiǎng chūqù.

② 打扰一下, 我想出去。
Dǎrǎo yíxià, wǒ xiǎng chūqù.

3. 안전벨트를 매 주십시오.

☑ 请您系好安全带。
Qǐng nín jìhǎo ānquándài.

② 请您系好安全带。
Qǐng nín jìhǎo ānquándài.

Day 06

请给我一条毯子。
Qǐng gěi wǒ yì tiáo tǎnzi.
담요 한 장 주세요.

给　给　给

주다　gěi　gěi

条　条　条

가늘고 긴 것을
세는 양사　tiáo　tiáo

1. 담요 한 장 주세요.

☑ 请给我一条毯子。
Qǐng gěi wǒ yì tiáo tǎnzi.

② 请给我一条毯子。
Qǐng gěi wǒ yì tiáo tǎnzi.

2. 물 한 잔 주세요.

☑ 请给我一杯水。
Qǐng gěi wǒ yì bēi shuǐ.

② 请给我一杯水。
Qǐng gěi wǒ yì bēi shuǐ.

3. 어떤 음료가 있나요?

☑ 有什么饮料?
Yǒu shénme yǐnliào?

② 有什么饮料?
Yǒu shénme yǐnliào?

Day 07

我是来旅游的。
Wǒ shì lái lǚyóu de.
여행하러 왔어요.

 단어 쓰기

来　　来　　来
오다　　lái　　lái

旅游　　旅游　　旅游
여행하다　　lǚyóu　　lǚyóu

문장 쓰기

1. 여행하러 왔어요.

✅ 我是来旅游的。
Wǒ shì lái lǚyóu de.

2️⃣ 我是来旅游的。
Wǒ shì lái lǚyóu de.

2. 4일간 머무릅니다.

✅ 我呆四天。
Wǒ dāi sì tiān.

2️⃣ 我呆四天。
Wǒ dāi sì tiān.

3. 제 짐이 아직 안 나왔어요.

✅ 我的行李还没出来。
Wǒ de xíngli hái méi chūlái.

2️⃣ 我的行李还没出来。
Wǒ de xíngli hái méi chūlái.

14

Day 08 机场大巴在哪儿坐?
Jīchǎng dàbā zài nǎr zuò?
공항버스는 어디에서 타나요?

 단어 쓰기

大巴　大巴　大巴
대형 버스　　dàbā　　dàbā

坐　坐　坐
앉다, 타다　zuò　zuò

문장 쓰기

1. 안내데스크는 어디에 있나요?

☑ 问询台在哪儿?
Wènxúntái zài nǎr?

② 问询台在哪儿?
Wènxúntái zài nǎr?

2. 공항버스는 어디에서 타나요?

☑ 机场大巴在哪儿坐?
Jīchǎng dàbā zài nǎr zuò?

② 机场大巴在哪儿坐?
Jīchǎng dàbā zài nǎr zuò?

3. 여기에서 호텔을 예약할 수 있나요?

☑ 这儿可以订酒店吗?
Zhèr kěyǐ dìng jiǔdiàn ma?

② 这儿可以订酒店吗?
Zhèr kěyǐ dìng jiǔdiàn ma?

NOTE

PART 04

교통수단

Day 09
去西单站坐几号线?
Qù Xīdān Zhàn zuò jǐ hào xiàn?
시단역에 가려면 몇 호선을 타나요?

站　站　站

정거장, 역　zhàn　zhàn

几号线　几号线　几号线

몇 호선　jǐ hào xiàn　jǐ hào xiàn

문장 쓰기

1. 시단역에 가려면 몇 호선을 타나요?

去西单站坐几号线?
Qù Xīdān zhàn zuò jǐ hào xiàn?

去西单站坐几号线?
Qù Xīdān zhàn zuò jǐ hào xiàn?

2. 와이탄에 가려면 어느 역에서 내려요?

去外滩在哪个站下车?
Qù Wàitān zài nǎge zhàn xiàchē?

去外滩在哪个站下车?
Qù Wàitān zài nǎge zhàn xiàchē?

3. 실례지만, 난뤄구샹에 가려면 어느 출구로 나가요?

请问, 去南锣鼓巷从哪个口出去?
Qǐngwèn, qù Nánluógǔxiàng cóng nǎge kǒu chūqù?

请问, 去南锣鼓巷从哪个口出去?
Qǐngwèn, qù Nánluógǔxiàng cóng nǎge kǒu chūqù?

Day 10 去天安门坐几路车?
Qù Tiān'ānmén zuò jǐ lù chē?
천안문에 가려면 몇 번 버스를 타나요?

天安门 　天安门　　天安门
천안문　　Tiān'ānmén　　Tiān'ānmén

几路车 　几路车　　几路车
몇 번 버스　　jǐ lù chē　　jǐ lù chē

1. 천안문에 가려면 몇 번 버스를 타나요?

☑ 去天安门坐几路车?
Qù Tiān'ānmén zuò jǐ lù chē?

2️⃣ 去天安门坐几路车?
Qù Tiān'ānmén zuò jǐ lù chē?

2. 중관춘에 가나요?

☑ 去中关村吗?
Qù Zhōngguāncūn ma?

2️⃣ 去中关村吗?
Qù Zhōngguāncūn ma?

3. 예원까지 몇 정거장이나 더 가야 해요?

☑ 到豫园还要坐几站?
Dào Yùyuán hái yào zuò jǐ zhàn?

2️⃣ 到豫园还要坐几站?
Dào Yùyuán hái yào zuò jǐ zhàn?

Day 11

请到这个地址吧。
Qǐng dào zhège dìzhǐ ba.
이 주소로 가 주세요.

到
도착하다　　dào　　　dào

吧
(문장 끝에 쓰여)　ba　　　ba
요청의 어조를 나타냄

1. (주소를 보여 주며) 이 주소로 가 주세요.

☑ 请到这个地址吧。
　 Qǐng dào zhège dìzhǐ ba.

② 请到这个地址吧。
　 Qǐng dào zhège dìzhǐ ba.

2. 공항 가는 데 얼마나 걸리죠?

☑ 去机场需要多长时间？
　 Qù jīchǎng xūyào duō cháng shíjiān?

② 去机场需要多长时间？
　 Qù jīchǎng xūyào duō cháng shíjiān?

3. 길 옆에 세워 주세요. (=여기서 세워 주세요.)

☑ 靠边儿停一下。
　 Kàobiānr tíng yíxià.

② 靠边儿停一下。
　 Kàobiānr tíng yíxià.

Day 12 我要一张今天下午5点去天津的高铁。

Wǒ yào yì zhāng jīntiān xiàwǔ wǔ diǎn qù Tiānjīn de gāotiě.

오늘 오후 5시에 톈진 가는 고속철도 한 장 주세요.

 단어 쓰기

要	要	要
필요하다, 원하다	yào	yào

张	张	张
장(종이를 세는 양사)	zhāng	zhāng

 문장 쓰기

1. 오늘 오후 5시에 톈진 가는 고속철도 (표) 한 장 주세요.

☑ 我要一张今天下午5点去天津的高铁。
　 Wǒ yào yì zhāng jīntiān xiàwǔ wǔ diǎn qù Tiānjīn de gāotiě.

2️⃣ 我要一张今天下午5点去天津的高铁。
　 Wǒ yào yì zhāng jīntiān xiàwǔ wǔ diǎn qù Tiānjīn de gāotiě.

2. 편도 표로 드릴까요, 왕복 표로 드릴까요?

☑ 要单程票还是往返票？
　 Yào dānchéng piào háishi wǎngfǎn piào?

2️⃣ 要单程票还是往返票？
　 Yào dānchéng piào háishi wǎngfǎn piào?

3. 짐을 기차에 두고 내렸어요.

☑ 我把行李忘在火车上了。
　 Wǒ bǎ xíngli wàng zài huǒchē shang le.

2️⃣ 我把行李忘在火车上了。
　 Wǒ bǎ xíngli wàng zài huǒchē shang le.

NOTE

PART 05

숙소

Day 13

您预订了吗?
Nín yùdìng le ma?
예약하셨습니까?

您　　您　　您
당신(존칭)　　nín　　nín

预订　　预订　　预订
예약하다　　yùdìng　　yùdìng

1. 싱글룸이 있나요?

☑ 有没有单人间?
　Yǒu méiyǒu dānrénjiān?

2️⃣ 有没有单人间?
　Yǒu méiyǒu dānrénjiān?

2. 먼저 이 표를 작성해 주세요.

☑ 请先填一下这张表。
　Qǐng xiān tián yíxià zhè zhāng biǎo.

2️⃣ 请先填一下这张表。
　Qǐng xiān tián yíxià zhè zhāng biǎo.

3. 8층 805호입니다. 여기 룸 카드입니다.

☑ 8楼, 805房间。这是您的房卡。
　Bā lóu, bā líng wǔ fángjiān. Zhè shì nín de fángkǎ.

2️⃣ 8楼, 805房间。这是您的房卡。
　Bā lóu, bā líng wǔ fángjiān. Zhè shì nín de fángkǎ.

Day 14　Wi-Fi密码是多少?
Wi-Fi mìmǎ shì duōshao?
와이파이 비밀번호가 뭐예요?

단어 쓰기

密码　　密码　　密码
비밀번호　　mìmǎ　　mìmǎ

多少　　多少　　多少
얼마　　duōshao　　duōshao

문장 쓰기

1. 와이파이 비밀번호가 뭐예요?

 Wi-Fi密码是多少?
Wi-Fi mìmǎ shì duōshao?

2️⃣ Wi-Fi密码是多少?
Wi-Fi mìmǎ shì duōshao?

2. 수건 한 장 더 가져다 주세요.

 请再给我一条毛巾。
Qǐng zài gěi wǒ yì tiáo máojīn.

2️⃣ 请再给我一条毛巾。
Qǐng zài gěi wǒ yì tiáo máojīn.

3. 택시 한 대 불러 주세요.

 请帮我叫一辆出租车。
Qǐng bāng wǒ jiào yí liàng chūzūchē.

2️⃣ 请帮我叫一辆出租车。
Qǐng bāng wǒ jiào yí liàng chūzūchē.

Day 15   空调坏了。
Kōngtiáo huài le.
에어컨이 고장났어요.

空调　　空调　　空调

에어컨　　kōngtiáo　　kōngtiáo

坏了　　坏了　　坏了

고장나다　　huài le　　huài le

1. 에어컨이 고장났어요.

☑ 空调坏了。
Kōngtiáo huài le.

_____

② 空调坏了。
Kōngtiáo huài le.

_____

2. 침대 시트를 바꿔 주세요.

☑ 给我换一下床单。
Gěi wǒ huàn yíxià chuángdān.

_____

② 给我换一下床单。
Gěi wǒ huàn yíxià chuángdān.

_____

3. 룸 카드를 안 가지고 나왔는데, 어떡하죠?

☑ 我忘了带房卡，怎么办?
Wǒ wàng le dài fángkǎ, zěnmebàn?

_____

② 我忘了带房卡，怎么办?
Wǒ wàng le dài fángkǎ, zěnmebàn?

_____

Day 16

我要退房。
Wǒ yào tuìfáng.
체크아웃할게요.

要　要　要
~할 것이다　yào　yào

退房　退房　退房
체크아웃하다　tuìfáng　tuìfáng

1. 좀 늦게 체크아웃해도 되나요?

☑ 能不能晚一点退房?
　Néng bu néng wǎn yìdiǎn tuìfáng?

2️⃣ 能不能晚一点退房?
　Néng bu néng wǎn yìdiǎn tuìfáng?

2. 이건 무슨 요금이죠?

☑ 这是什么费用?
　Zhè shì shénme fèiyòng?

2️⃣ 这是什么费用?
　Zhè shì shénme fèiyòng?

3. 짐을 맡겨도 되나요?

☑ 我可以寄存行李吗?
　Wǒ kěyǐ jìcún xíngli ma?

2️⃣ 我可以寄存行李吗?
　Wǒ kěyǐ jìcún xíngli ma?

NOTE

PART 06

식당 I

Day 17

请问，您几位?
Qǐngwèn, nín jǐ wèi?
실례지만, 몇 분이신가요?

단어
쓰기

请问　　请问　　请问
실례합니다　　qǐngwèn　　qǐngwèn

位　　位　　位
분(사람을 세는 양사)　　wèi　　wèi

문장
쓰기

1. 오늘 저녁 6시, 3명 자리를 예약하고 싶어요.

☑ 今天晚上6点，我想订三个人的位子。
Jīntiān wǎnshang liù diǎn, wǒ xiǎng dìng sān ge rén de wèizi.

② 今天晚上6点，我想订三个人的位子。
Jīntiān wǎnshang liù diǎn, wǒ xiǎng dìng sān ge rén de wèizi.

2. 자리 있나요?

☑ 有位子吗?
Yǒu wèizi ma?

② 有位子吗?
Yǒu wèizi ma?

3. 얼마나 기다려야 하죠?

☑ 要等多久?
Yào děng duōjiǔ?

② 要等多久?
Yào děng duōjiǔ?

Day 18   服务员，点菜！
Fúwùyuán, diǎn cài!
저기요, 주문할게요!

服务员　　服务员　　服务员
종업원　　　　　fúwùyuán　　　　fúwùyuán

点菜　　点菜　　点菜
요리를 주문하다　　diǎn cài　　diǎn cài

1. 저기요, 주문할게요!

☑ 服务员，点菜！
Fúwùyuán, diǎn cài!

2 服务员，点菜！
Fúwùyuán, diǎn cài!

2. 위샹러우쓰 하나 주세요.

☑ 来一个鱼香肉丝。
Lái yí ge yúxiāngròusī.

2 来一个鱼香肉丝。
Lái yí ge yúxiāngròusī.

3. 특색 요리 추천 좀 해 주세요.

☑ 推荐一下特色菜。
Tuījiàn yíxià tèsècài.

2 推荐一下特色菜。
Tuījiàn yíxià tèsècài.

Day 19 服务员，再给我一个碟子。

Fúwùyuán, zài gěi wǒ yí ge diézi.

저기요, 접시 하나 더 주세요.

再　　再　　再

다시, 더　　zài　　zài

碟子　　碟子　　碟子

접시　　diézi　　diézi

1. 이건 제가 주문한 게 아니에요.

☑ 这不是我点的。

Zhè bú shì wǒ diǎn de.

② 这不是我点的。

Zhè bú shì wǒ diǎn de.

2. 저희 음식이 왜 아직도 안 나오는 거죠?

☑ 我们的菜怎么还没上？

Wǒmen de cài zěnme hái méi shàng?

② 我们的菜怎么还没上？

Wǒmen de cài zěnme hái méi shàng?

3. 저기요, 접시 하나 더 주세요.

☑ 服务员，再给我一个碟子。

Fúwùyuán, zài gěi wǒ yí ge diézi.

② 服务员，再给我一个碟子。

Fúwùyuán, zài gěi wǒ yí ge diézi.

Day 20
服务员，买单。
Fúwùyuán, mǎidān.
저기요, 계산할게요.

단어 쓰기

买单	买单	买单
계산하다	mǎidān	mǎidān

结账	结账	结账
계산하다	jiézhàng	jiézhàng

문장 쓰기

1. 저기요, 계산할게요.

☑ 服务员，买单。
Fúwùyuán, mǎidān.

② 服务员，买单。
Fúwùyuán, mǎidān.

2. 현금이요.

☑ 现金。
Xiànjīn.

② 现金。
Xiànjīn.

3. 거스름돈을 잘못 주셨어요.

☑ 你找错钱了。
Nǐ zhǎocuò qián le.

② 你找错钱了。
Nǐ zhǎocuò qián le.

NOTE

PART 07

식당 Ⅱ

Day 21

我要一个三号套餐。
Wǒ yào yí ge sān hào tàocān.
3번 세트로 한 개 주세요.

 단어 쓰기

三号　三号　三号
3번　sān hào　sān hào

套餐　套餐　套餐
세트 메뉴　tàocān　tàocān

 문장 쓰기

1. 3번 세트로 한 개 주세요.

☑ 我要一个3号套餐。
Wǒ yào yí ge sān hào tàocān.

② 我要一个3号套餐。
Wǒ yào yí ge sān hào tàocān.

2. 콜라를 오렌지주스로 바꿀 수 있나요?

☑ 可以把可乐换成橙汁吗?
Kěyǐ bǎ kělè huànchéng chéngzhī ma?

② 可以把可乐换成橙汁吗?
Kěyǐ bǎ kělè huànchéng chéngzhī ma?

3. 가지고 가세요, 여기서 드세요?

☑ 带走还是在这儿吃?
Dài zǒu háishi zài zhèr chī?

② 带走还是在这儿吃?
Dài zǒu háishi zài zhèr chī?

Day 22

我要一杯冰美式。
Wǒ yào yì bēi bīng měishì.
아이스 아메리카노 한 잔 주세요.

杯 杯 杯

잔, 컵　　　bēi　　　bēi

冰美式　冰美式　冰美式

아이스 아메리카노　bīng měishì　bīng měishì

1. 아이스 아메리카노 한 잔 주세요.

☑ 我要一杯冰美式。
Wǒ yào yì bēi bīng měishì.

2️⃣ 我要一杯冰美式。
Wǒ yào yì bēi bīng měishì.

2. 톨 사이즈로 주세요.

☑ 我要中杯。
Wǒ yào zhōng bēi.

2️⃣ 我要中杯。
Wǒ yào zhōng bēi.

3. 뜨거운 물 좀 넣어 주세요.

☑ 加点儿热水吧。
Jiā diǎnr rèshuǐ ba.

2️⃣ 加点儿热水吧。
Jiā diǎnr rèshuǐ ba.

Day 23

我要微辣的。
Wǒ yào wēi là de.
약간 매운맛으로 해 주세요.

微辣　　微辣　　微辣
약간 매움　　wēi là　　wēi là

中辣　　中辣　　中辣
보통 매움　　zhōng là　　zhōng là

1. 테이블 좀 치워 주세요.

☑ 请收拾一下桌子吧。
Qǐng shōushi yíxià zhuōzi ba.

2️⃣ 请收拾一下桌子吧。
Qǐng shōushi yíxià zhuōzi ba.

2. 소고기 1인분 더 추가할게요.

☑ 再加一份牛肉。
Zài jiā yí fèn niúròu.

2️⃣ 再加一份牛肉。
Zài jiā yí fèn niúròu.

3. 약간 매운맛으로 해 주세요.

☑ 我要微辣的。
Wǒ yào wēi là de.

2️⃣ 我要微辣的。
Wǒ yào wēi là de.

Day 24

来三杯扎啤。
Lái sān bēi zhāpí.
생맥주 세 잔 주세요.

단어 쓰기

来　　　来　　　来
(음식 주문할 때)주세요　lái　　　lái

扎啤　　　扎啤　　　扎啤
생맥주　　　zhāpí　　　zhāpí

문장 쓰기

1. 생맥주 세 잔 주세요.

☑ 来三杯扎啤。
Lái sān bēi zhāpí.

2️⃣ 来三杯扎啤。
Lái sān bēi zhāpí.

2. 얼음 넣은 걸로 주세요.

☑ 我要加冰块儿的。
Wǒ yào jiā bīngkuàir de.

2️⃣ 我要加冰块儿的。
Wǒ yào jiā bīngkuàir de.

3. 실례지만, 병따개 주세요.

☑ 麻烦你，给我瓶起子。
Máfan nǐ, gěi wǒ píngqǐzi.

2️⃣ 麻烦你，给我瓶起子。
Máfan nǐ, gěi wǒ píngqǐzi.

NOTE

PART 08

관광

Day 25 走着去需要多长时间?
Zǒuzhe qù xūyào duō cháng shíjiān?
걸어가면 얼마나 걸리나요?

단어 쓰기

走着去　　走着去　　走着去
걸어가다　　　　zǒuzhe qù　　　　zǒuzhe qù

需要　　需要　　需要
필요하다　　xūyào　　xūyào

문장 쓰기

1. 관광 안내소는 어디에 있나요?

☑ 旅游服务中心在哪儿?
Lǚyóu fúwù zhōngxīn zài nǎr?

② 旅游服务中心在哪儿?
Lǚyóu fúwù zhōngxīn zài nǎr?

2. 가 볼 만한 곳을 추천 좀 해 주세요.

☑ 推荐一下好玩儿的地方。
Tuījiàn yíxià hǎowánr de dìfang.

② 推荐一下好玩儿的地方。
Tuījiàn yíxià hǎowánr de dìfang.

3. 걸어가면 얼마나 걸리나요?

☑ 走着去需要多长时间?
Zǒuzhe qù xūyào duō cháng shíjiān?

② 走着去需要多长时间?
Zǒuzhe qù xūyào duō cháng shíjiān?

42

Day 26

门票多少钱?
Ménpiào duōshao qián?
입장료가 얼마예요?

 门票　门票　门票

입장권, 입장료　　　ménpiào　　ménpiào

多少钱?　多少钱?　多少钱?

얼마예요?　　　Duōshao qián?　　Duōshao qián?

 1. 입장료가 얼마예요?

☑ 门票多少钱?
Ménpiào duōshao qián?

2 门票多少钱?
Ménpiào duōshao qián?

2. 학생은 할인되나요?

☑ 学生可以优惠吗?
Xuésheng kěyǐ yōuhuì ma?

2 学生可以优惠吗?
Xuésheng kěyǐ yōuhuì ma?

3. 몇 시까지 열어요?

☑ 最晚开到几点?
Zuì wǎn kāidào jǐ diǎn?

2 最晚开到几点?
Zuì wǎn kāidào jǐ diǎn?

Day 27 可以帮我们拍张照吗?
Kěyǐ bāng wǒmen pāi zhāng zhào ma?
사진 한 장 찍어 주시겠어요?

 단어 쓰기

帮　帮　帮
돕다　　bāng　　bāng

拍张照　拍张照　拍张照
사진을 한 장 찍다　pāi zhāng zhào　pāi zhāng zhào

 문장 쓰기

1. 여기서 사진 찍어도 되나요?

☑ 这儿可以拍照吗?
Zhèr kěyǐ pāizhào ma?

2️⃣ 这儿可以拍照吗?
Zhèr kěyǐ pāizhào ma?

2. 저희 사진 한 장 찍어 주시겠어요?

☑ 可以帮我们拍张照吗?
Kěyǐ bāng wǒmen pāi zhāng zhào ma?

2️⃣ 可以帮我们拍张照吗?
Kěyǐ bāng wǒmen pāi zhāng zhào ma?

3. 제가 사진 찍어 드릴까요?

☑ 需要我帮你们拍张照吗?
Xūyào wǒ bāng nǐmen pāi zhāng zhào ma?

2️⃣ 需要我帮你们拍张照吗?
Xūyào wǒ bāng nǐmen pāi zhāng zhào ma?

Day 28 这个力度可以吗?

Zhège lìdù kěyǐ ma?

이 정도 세기가 괜찮으세요?

단어 쓰기

力度　　力度　　力度

세기　　lìdù　　lìdù

可以吗?　可以吗?　可以吗?

괜찮나요?　Kěyǐ ma?　Kěyǐ ma?

문장 쓰기

1. 발 마사지를 받고 싶어요.

☑ 我想做足疗。

Wǒ xiǎng zuò zúliáo.

② 我想做足疗。

Wǒ xiǎng zuò zúliáo.

2. 좀 더 세게 해 주세요.

☑ 再重一点。

Zài zhòng yìdiǎn.

② 再重一点。

Zài zhòng yìdiǎn.

3. 좀 아프네요.

☑ 有点儿疼。

Yǒudiǎnr téng.

② 有点儿疼。

Yǒudiǎnr téng.

NOTE

PART 09

쇼핑

Day 29

可以试试吗?
Kěyǐ shìshi ma?
입어 봐도 돼요?

可以　可以　可以
~해도 좋다　kěyǐ　kěyǐ

试试　试试　试试
한번 시도해 보다　shìshi　shìshi

1. (옷) 입어 봐도 돼요? / (신발) 신어 봐도 돼요?

☑ 可以试试吗?
Kěyǐ shìshi ma?

② 可以试试吗?
Kěyǐ shìshi ma?

2. M사이즈로 주세요.

☑ 我要中号的。
Wǒ yào zhōng hào de.

② 我要中号的。
Wǒ yào zhōng hào de.

3. 너무 작아요.

☑ 太小了。
Tài xiǎo le.

② 太小了。
Tài xiǎo le.

48

Day 30 哪一种更甜?

Nǎ yì zhǒng gèng tián?

어떤 게 더 달아요?

 단어 쓰기

更	更	更
더욱	gèng	gèng

甜	甜	甜
달다	tián	tián

문장 쓰기

1. 카트는 어디에 있어요?

☑ 手推车在哪儿?

Shǒutuīchē zài nǎr?

2 手推车在哪儿?

Shǒutuīchē zài nǎr?

2. 어떤 게 더 달아요?

☑ 哪一种更甜?

Nǎ yì zhǒng gèng tián?

2 哪一种更甜?

Nǎ yì zhǒng gèng tián?

3. 이거 어떻게 팔아요?

☑ 这个怎么卖?

Zhège zěnme mài?

2 这个怎么卖?

Zhège zěnme mài?

Day 31

便宜点儿吧。
Piányi diǎnr ba.
좀 싸게 해 주세요.

 便宜　　便宜　　便宜
(값이) 싸다　　piányi　　piányi

一点儿　一点儿　一点儿
조금　　yìdiǎnr　　yìdiǎnr

 1. 하나에 얼마예요?

 一个多少钱?
Yí ge duōshao qián?

2️⃣ 一个多少钱?
Yí ge duōshao qián?

2. 너무 비싼데, 좀 싸게 해 주세요.

☑️ 太贵了, 便宜点儿吧。
Tài guì le, piányi diǎnr ba.

2️⃣ 太贵了, 便宜点儿吧。
Tài guì le, piányi diǎnr ba.

3. 지금 20% 할인 중입니다.

☑️ 现在打8折。
Xiànzài dǎ bā zhé.

2️⃣ 现在打8折。
Xiànzài dǎ bā zhé.

50

Day 32 这个我想退货，可以吗?
Zhège wǒ xiǎng tuìhuò, kěyǐ ma?
이거 환불하고 싶은데, 가능한가요?

 단어 쓰기

想　　想　　想
~하고 싶다　　xiǎng　　xiǎng

退货　　退货　　退货
환불하다　　tuìhuò　　tuìhuò

 문장 쓰기

1. 이거 환불하고 싶은데, 가능한가요?

☑ 这个我想退货, 可以吗?
　Zhège wǒ xiǎng tuìhuò, kěyǐ ma?

② 这个我想退货, 可以吗?
　Zhège wǒ xiǎng tuìhuò, kěyǐ ma?

2. 한 사이즈 작은 걸로 바꾸고 싶은데, 가능한가요?

☑ 我想换小一码的, 可以吗?
　Wǒ xiǎng huàn xiǎo yì mǎ de, kěyǐ ma?

② 我想换小一码的, 可以吗?
　Wǒ xiǎng huàn xiǎo yì mǎ de, kěyǐ ma?

3. 영수증 가져오셨어요?

☑ 发票带了吗?
　Fāpiào dài le ma?

② 发票带了吗?
　Fāpiào dài le ma?

NOTE

PART 10

친구 사귀기

Day 33 你跟谁一起来的?
Nǐ gēn shéi yìqǐ lái de?
누구랑 같이 오셨어요?

단어 쓰기

跟…一起　　跟…一起　　跟…一起
~와 함께　　　　　gēn…yìqǐ　　　　　gēn…yìqǐ

谁　谁　谁
누구　shéi　shéi

문장 쓰기

1. 누구랑 같이 오셨어요?

☑ 你跟谁一起来的?
Nǐ gēn shéi yìqǐ lái de?

☑ 你跟谁一起来的?
Nǐ gēn shéi yìqǐ lái de?

2. 여기 와 보셨어요?

☑ 你来过这儿吗?
Nǐ láiguo zhèr ma?

☑ 你来过这儿吗?
Nǐ láiguo zhèr ma?

3. 어디 사람이세요?

☑ 你是哪里人?
Nǐ shì nǎli rén?

☑ 你是哪里人?
Nǐ shì nǎli rén?

Day 34

我叫金荷娜。
Wǒ jiào Jīn Hénà.
저는 김하나라고 해요.

叫   叫   叫

이름을 ~라고 부르다   jiào   jiào

名字   名字   名字

이름   míngzi   míngzi

1. 저는 김하나라고 해요.

☑ 我叫金荷娜。
Wǒ jiào Jīn Hénà.

② 我叫金荷娜。
Wǒ jiào Jīn Hénà.

2. 저는 35살이고, 회사원이에요.

☑ 我35岁, 是公司职员。
Wǒ sānshíwǔ suì, shì gōngsī zhíyuán.

② 我35岁, 是公司职员。
Wǒ sānshíwǔ suì, shì gōngsī zhíyuán.

3. 저는 여행하는 걸 좋아해요.

☑ 我喜欢旅行。
Wǒ xǐhuan lǚxíng.

② 我喜欢旅行。
Wǒ xǐhuan lǚxíng.

Day 35 你拍得真好。
Nǐ pāi de zhēn hǎo.
사진 정말 잘 찍으시네요.

단어 쓰기

拍　　拍　　拍
찍다, 촬영하다　pāi　　pāi

得　　得　　得
(정도가) ~하다　de　　de

문장 쓰기

1. 사진 정말 잘 찍으시네요.

☑ 你拍得真好。
Nǐ pāi de zhēn hǎo.

② 你拍得真好。
Nǐ pāi de zhēn hǎo.

2. 딸이 정말 귀엽네요.

☑ 你女儿真可爱。
Nǐ nǚ'ér zhēn kě'ài.

② 你女儿真可爱。
Nǐ nǚ'ér zhēn kě'ài.

3. 모자가 정말 예쁘네요.

☑ 你的帽子真好看。
Nǐ de màozi zhēn hǎokàn.

② 你的帽子真好看。
Nǐ de màozi zhēn hǎokàn.

Day 36 你有微信吗?
Nǐ yǒu Wēixìn ma?
위챗 있으세요?

 단어
쓰기

有　　有　　有
가지고 있다　yǒu　　yǒu

微信　　微信　　微信
위챗　　Wēixìn　　Wēixìn

문장
쓰기

1. 위챗 있으세요?

☑ 你有微信吗?
Nǐ yǒu Wēixìn ma?

☑ 你有微信吗?
Nǐ yǒu Wēixìn ma?

2. 자주 연락하고 지내요.

☑ 常常联系吧。
Chángcháng liánxì ba.

☑ 常常联系吧。
Chángcháng liánxì ba.

3. 가는 길이 평안하시기를 바라요!

☑ 一路平安!
Yí lù píng'ān!

☑ 一路平安!
Yí lù píng'ān!

NOTE

PART 11

긴급 상황

Day 37

请问，西直门站怎么走?
Qǐngwèn, Xīzhímén zhàn zěnme zǒu?

실례지만, 시즈먼 역까지 어떻게 가요?

 단어 쓰기

怎么　怎么　怎么

어떻게　zěnme　zěnme

走　走　走

걷다, 가다　zǒu　zǒu

 문장 쓰기

1. 실례지만, 시즈먼 역까지 어떻게 가요?

☑ 请问, 西直门站怎么走?
Qǐngwèn, Xīzhímén zhàn zěnme zǒu?

② 请问, 西直门站怎么走?
Qǐngwèn, Xīzhímén zhàn zěnme zǒu?

2. 실례지만, 근처에 버스정류장이 있나요?

☑ 请问, 附近有没有公车站?
Qǐngwèn, fùjìn yǒu méiyǒu gōngchēzhàn?

② 请问, 附近有没有公车站?
Qǐngwèn, fùjìn yǒu méiyǒu gōngchēzhàn?

3. 길을 건너면 바로 있어요.

☑ 过马路就到了。
Guò mǎlù jiù dào le.

② 过马路就到了。
Guò mǎlù jiù dào le.

Day 38 我的手机丢了。
Wǒ de shǒujī diū le.
휴대 전화를 잃어버렸어요.

手机　　手机　　手机
휴대 전화　　shǒujī　　shǒujī

丢　　丢　　丢
잃어버리다　　diū　　diū

1. 휴대 전화를 잃어버렸어요.

☑ 我的手机丢了。
　 Wǒ de shǒujī diū le.

2 我的手机丢了。
　 Wǒ de shǒujī diū le.

2. 가방을 도둑맞았어요.

☑ 我的包被偷了。
　 Wǒ de bāo bèi tōu le.

2 我的包被偷了。
　 Wǒ de bāo bèi tōu le.

3. 분실 신고를 하려고요.

☑ 我要报失。
　 Wǒ yào bàoshī.

2 我要报失。
　 Wǒ yào bàoshī.

Day 39 你哪儿不舒服?
Nǐ nǎr bù shūfu?
어디가 불편하시죠?

 단어 쓰기

哪儿　哪儿　哪儿
어디, 어느 곳　　nǎr　　　nǎr

不舒服　不舒服　不舒服
(몸이) 불편하다　　bù shūfu　　bù shūfu

문장 쓰기

1. 배가 아파요.

☑ 肚子疼。
Dùzi téng.

2 肚子疼。
Dùzi téng.

2. 감기약이 있나요?

☑ 有没有感冒药?
Yǒu méiyǒu gǎnmàoyào?

2 有没有感冒药?
Yǒu méiyǒu gǎnmàoyào?

3. 설사를 해요.

☑ 我拉肚子了。
Wǒ lā dùzi le.

2 我拉肚子了。
Wǒ lā dùzi le.

Day 40 救命啊!
Jiùmìng a!
사람 살려!

단어 쓰기

救命 　　救命　　救命

목숨을 구하다 　　jiùmìng　　jiùmìng

啊 　　啊　　啊

(문장 끝에 쓰여)
재촉의 어조를 나타냄 　　a　　a

문장 쓰기

1. 사람 살려!

☑ 救命啊!
Jiùmìng a!

② 救命啊!
Jiùmìng a!

2. 빨리 구급차를 불러 주세요!

☑ 快叫救护车!
Kuài jiào jiùhùchē!

② 快叫救护车!
Kuài jiào jiùhùchē!

3. 차에 치였어요.

☑ 被车撞了。
Bèi chē zhuàng le.

② 被车撞了。
Bèi chē zhuàng le.

NOTE

PART 12 | 귀국

Day 41

我要订一张去韩国仁川的机票。
Wǒ yào dìng yì zhāng qù Hánguó Rénchuān de jīpiào.

한국 인천으로 가는 비행기 표를 예약하려고 하는데요.

订   订   订

예약하다   dìng   dìng

机票   机票   机票

비행기 표   jīpiào   jīpiào

1. 한국 인천으로 가는 비행기 표를 예약하려고 하는데요.

☑ 我要订一张去韩国仁川的机票。
Wǒ yào dìng yì zhāng qù Hánguó Rénchuān de jīpiào.

② 我要订一张去韩国仁川的机票。
Wǒ yào dìng yì zhāng qù Hánguó Rénchuān de jīpiào.

2. 언제 출발하는 표로 예약하시겠어요?

☑ 要订哪天的票?
Yào dìng nǎ tiān de piào?

② 要订哪天的票?
Yào dìng nǎ tiān de piào?

3. 다음 주 수요일 편도 표요.

☑ 下个星期三的单程票。
Xià ge xīngqīsān de dānchéng piào.

② 下个星期三的单程票。
Xià ge xīngqīsān de dānchéng piào.

66

Day 42

我想改签。
Wǒ xiǎng gǎiqiān.
표를 변경하고 싶어요.

想	想	想
~하고 싶다	xiǎng	xiǎng

改签	改签	改签
표를 변경하다	gǎiqiān	gǎiqiān

1. 표를 변경하고 싶어요.

☑ 我想改签。
Wǒ xiǎng gǎiqiān.

☑ 我想改签。
Wǒ xiǎng gǎiqiān.

2. 출발일을 8월 8일로 바꾸고 싶어요.

☑ 我想把出发日期改到8月8号。
Wǒ xiǎng bǎ chūfā rìqī gǎidào bā yuè bā hào.

☑ 我想把出发日期改到8月8号。
Wǒ xiǎng bǎ chūfā rìqī gǎidào bā yuè bā hào.

3. 먼저 그날 표가 있는지 좀 보겠습니다.

☑ 我先看一下那天有没有票。
Wǒ xiān kàn yíxià nà tiān yǒu méiyǒu piào.

☑ 我先看一下那天有没有票。
Wǒ xiān kàn yíxià nà tiān yǒu méiyǒu piào.

Day 43

我要靠窗的座位。
Wǒ yào kào chuāng de zuòwèi.
창가 쪽 좌석으로 주세요.

靠窗	靠窗	靠窗
창가	kào chuāng	kào chuāng

座位	座位	座位
좌석	zuòwèi	zuòwèi

1. 창가 쪽 좌석으로 주세요.

☑ 我要靠窗的座位。
Wǒ yào kào chuāng de zuòwèi.

2️⃣ 我要靠窗的座位。
Wǒ yào kào chuāng de zuòwèi.

2. 짐은 몇 개 부칠 수 있나요?

☑ 可以托运几件行李？
Kěyǐ tuōyùn jǐ jiàn xíngli?

2️⃣ 可以托运几件行李？
Kěyǐ tuōyùn jǐ jiàn xíngli?

3. 이 물건들을 기내에 가지고 탈 수 있나요?

☑ 这些东西能带上飞机吗？
Zhèxiē dōngxi néng dàishang fēijī ma?

2️⃣ 这些东西能带上飞机吗？
Zhèxiē dōngxi néng dàishang fēijī ma?

Day 44
什么时候开始登机?
Shénme shíhou kāishǐ dēngjī?
언제 탑승을 시작하나요?

 단어 쓰기

什么时候　　什么时候　　什么时候
언제　　　　shénme shíhou　　shénme shíhou

开始　　开始　　开始
시작하다　　kāishǐ　　kāishǐ

 문장 쓰기

1. 언제 탑승을 시작하나요?

☑ 什么时候开始登机?
Shénme shíhou kāishǐ dēngjī?

② 什么时候开始登机?
Shénme shíhou kāishǐ dēngjī?

2. 비행기를 놓쳤는데, 다음 편을 탈 수 있을까요?

☑ 我没赶上飞机，能不能坐下一班?
Wǒ méi gǎnshàng fēijī, néng bu néng zuò xià yì bān?

② 我没赶上飞机，能不能坐下一班?
Wǒ méi gǎnshàng fēijī, néng bu néng zuò xià yì bān?

3. 공항 내에 호텔이 있습니까?

☑ 机场里有没有宾馆?
Jīchǎng li yǒu méiyǒu bīnguǎn?

② 机场里有没有宾馆?
Jīchǎng li yǒu méiyǒu bīnguǎn?

NOTE

플러스 표현

1. 모르겠어요.

☑ **不知道。**
Bù zhīdào.

② 不知道。
Bù zhīdào.

③ 不知道。
Bù zhīdào.

2. 맞아요.

☑ **对。**
Duì.

② 对。
Duì.

③ 对。
Duì.

3. 아닙니다.

☑ **不是。**
Bú shì.

② 不是。
Bù shì.

③ 不是。
Bù shì.

4. 고생하셨습니다.

☑ **辛苦了。**

Xīnkǔ le.

② 辛苦了。
Xīnkǔ le.

③ 辛苦了。
Xīnkǔ le.

5. 잔돈이 없어요.

☑ **我没有零钱。**

Wǒ méiyǒu língqián.

② 我没有零钱。
Wǒ méiyǒu língqián.

③ 我没有零钱。
Wǒ méiyǒu língqián.

Day 46 플러스 표현 ⑥~⑩

6. 이거 무료인가요?

☑️ **这是免费的吗?**
Zhè shì miǎnfèi de ma?

2️⃣ 这是免费的吗?
Zhè shì miǎnfèi de ma?

3️⃣ 这是免费的吗?
Zhè shì miǎnfèi de ma?

7-1. 이거 맛있나요? 요리

☑️ **这个好吃吗?**
Zhège hǎochī ma?

2️⃣ 这个好吃吗?
Zhège hǎochī ma?

3️⃣ 这个好吃吗?
Zhège hǎochī ma?

7-2. 이거 맛있나요? 음료

☑️ **这个好喝吗?**
Zhège hǎohē ma?

2️⃣ 这个好喝吗?
Zhège hǎohē ma?

3️⃣ 这个好喝吗?
Zhège hǎohē ma?

8. 이건 무슨 고기인가요?

☑ **这是什么肉?**
Zhè shì shénme ròu?

② 这是什么肉?
Zhè shì shénme ròu?

③ 这是什么肉?
Zhè shì shénme ròu?

9. 대신 좀 골라 주세요.

☑ **帮我挑一下吧。**
Bāng wǒ tiāo yíxià ba.

② 帮我挑一下吧。
Bāng wǒ tiāo yíxià ba.

③ 帮我挑一下吧。
Bāng wǒ tiāo yíxià ba.

10. 어떤 게 잘 팔려요?

☑ **哪个卖得好?**
Nǎge mài de hǎo?

② 哪个卖得好?
Nǎge mài de hǎo?

③ 哪个卖得好?
Nǎge mài de hǎo?

11. 트렁크 좀 열어 주세요.

☑️ **开一下后备箱吧。**
Kāi yíxià hòubèixiāng ba.

② 开一下后备箱吧。
Kāi yíxià hòubèixiāng ba.

③ 开一下后备箱吧。
Kāi yíxià hòubèixiāng ba.

12. 창문 좀 열어 주세요.

☑️ **开一下窗户吧。**
Kāi yíxià chuānghu ba.

② 开一下窗户吧。
Kāi yíxià chuānghu ba.

③ 开一下窗户吧。
Kāi yíxià chuānghu ba.

13. 창문 좀 닫아 주세요.

☑️ **关一下窗户吧。**
Guān yíxià chuānghu ba.

② 关一下窗户吧。
Guān yíxià chuānghu ba.

③ 关一下窗户吧。
Guān yíxià chuānghu ba.

문장 쓰기

14. 에어컨 좀 켜 주세요.

☑ **开一下空调吧。**
Kāi yíxià kōngtiáo ba.

2 开一下空调吧。
Kāi yíxià kōngtiáo ba.

3 开一下空调吧。
Kāi yíxià kōngtiáo ba.

15. 취소할 수 있나요?

☑ **可以取消吗?**
Kěyǐ qǔxiāo ma?

2 可以取消吗?
Kěyǐ qǔxiāo ma?

3 可以取消吗?
Kěyǐ qǔxiāo ma?

Day 48 플러스 표현 ⑯~⑳

16. 포장해 주세요.

打包吧。
Dǎbāo ba.

2 打包吧。
Dǎbāo ba.

3 打包吧。
Dǎbāo ba.

17. 봉투 하나 더 주세요.

再给我一个袋子。
Zài gěi wǒ yí ge dàizi.

2 再给我一个袋子。
Zài gěi wǒ yí ge dàizi.

3 再给我一个袋子。
Zài gěi wǒ yí ge dàizi.

18. 케첩 하나 더 주세요.

再给我一包番茄酱。
Zài gěi wǒ yì bāo fānqiéjiàng.

2 再给我一包番茄酱。
Zài gěi wǒ yì bāo fānqiéjiàng.

3 再给我一包番茄酱。
Zài gěi wǒ yì bāo fānqiéjiàng.

19. 밥 먹었어요. 동작 + 了 : ~했어요

☑ **我吃饭了。**
Wǒ chīfàn le.

_____

2 我吃饭了。
Wǒ chīfàn le.

_____

3 我吃饭了。
Wǒ chīfàn le.

_____

20. 밥 안 먹었어요. 没 + 동작 : ~ 안 했어요

☑ **我没吃饭。**
Wǒ méi chīfàn.

_____

2 我没吃饭。
Wǒ méi chīfàn.

_____

3 我没吃饭。
Wǒ méi chīfàn.

_____

NOTE